KRISTIN KASPERSEN

GOOD FOOD

GLUTENFRITT, GOTT OCH
MYCKET GRÖNT MED KRISTIN

FOTO JENNY GRIMSGÅRD

FITNESSFÖRLAGET

INNEHÅLL

MIN MATRESA

Det här känns helt galet! Här sitter jag och skriver en kokbok. Jag tänker ut och provar recept, jag rekommenderar hur man ska tänka för att välja bättre mat och hur man gör det enklare att laga bra mat även när tiden är knapp. Det är galet, och fantastiskt roligt.

Varför tycker jag då att det är galet att jag skriver en kokbok? Jo, jag är ju varken kock eller har stått i köket och varit nyfiken på riktig matlagning sedan unga år. Inte heller har jag haft koll på vad maten innehåller tidigare. Det är först efter att jag blivit mer och mer intresserad av träning, återhämtning, ja hälsa i sin helhet som jag blivit intresserad av vad maten innehåller och hur det påverkar våra kroppar.

Som barn älskade jag allt som smakade sött, rostade ostmackor med marmelad var min favorit till frukost, till exempel. När jag var arton år drabbades jag av anorexi. Det var en period i mitt liv när allt kändes tungt. Tufft med kärleken, sorg efter min döda farmor och dessutom var det sista året på gymnasiet. Känslan av att väga mindre var skön, jag kände mig lättare mentalt. Dessutom hade jag plötsligt kontroll över något – maten – det enda jag kände att jag kunde kontrollera just då. Jag kom över anorexin relativt fort men har ändå sedan dess lagt enormt mycket tid och energi på mat kopplat till negativa tankar. Alldeles för mycket tid, en fokusering som jag i dag anser inte var sund.

För ungefär sex år sedan accepterade jag att mitt tidigare matmissbruk alltid kommer att vara en del av mig. Tidigare hade jag försökt stöta bort den sidan av mig, jag ville inte kännas vid den, även om den dök upp titt som tätt. Men det var först när jag accepterade min svaghet och mina matproblem som jag kunde omfamna den sidan av mig själv och acceptera att de är en del av mig. Och att de faktiskt kan vara det utan att ta över mig och mitt liv. Om jag lägger ihop antal timmar som jag har fokuserat på mat och vad jag får äta eller inte, så blir det många många dagar, kanske år.

Jag kan inte förändra det som varit men jag kan lära mig av det och påverka hur jag lever i dag. I dag är mat i stället något positivt och intressant för mig. Framförallt för mina barns skull. De växer fortfarande och jag sätter grunden för dem. Mat ska självklart smaka gott och jag tycker även att det är viktigt att vi äter i en miljö eller med människor som får maten att smaka ännu bättre. Men jag är också extra noga i dag med att äta bra mat. Mat som ger min och mina barns kroppar vad vi behöver för att orka med att leva ett aktivt och gärna ett långt liv.

Mitt stora intresse för träning och hälsa har gjort att jag under flera år varit nyfiken på hur jag kan förändra kosten och våra matvanor, men jag har inte haft tid och ork att förändra. Jag trodde att det var mycket jobbigare än vad det faktiskt visade sig att vara. För ett par år sedan tog jag dock tag i det på riktigt. Under en resa till New York 2013 fick jag nämligen upp ögonen för vad som är bättre mat. Trots att det finns mycket dålig mat i USA är det också enklare att hitta sundare snabbmat, i alla fall i många storstäder. I flertalet butiker finns valmöjligheten till ekologiskt och det finns ett fantastiskt urval av glutenfria produkter. I Sverige är det kanske inte alltid lika lätt då vi inte har så stora sortiment som de har i USA, men nu när jag vet vad jag ska leta eller fråga efter är det inte alls så krångligt som jag upplevde det tidigare. I dag gör jag bättre och medvetna val varje gång jag handlar. Och det blir dessutom lättare och lättare att hitta bra alternativ även i Sverige i och med att efterfrågan och utbud ökar.

I New York insåg jag helt enkelt att jag kan välja mat som är lika god – eller ännu godare – men också sundare, mer miljövänlig och mer energigivande än den mat jag valt tidigare.

FAMILJEN I FOKUS

Jag ska erkänna att jag tidigare ofta, på grund av tidsbrist, slängt ihop det som är lätt och det jag dessutom vet att barnen tycker om. Det har varit dålig variation på kosten och framförallt har jag inte haft tålamod att introducera ny, bra mat för mina barn. Det tar lite tid att vänja sig vid nya smaker ibland. Så om jag byter ut O'boy på lördagsmorgonen till mandelmjölk, ekologisk kakao och lite agavesirap kanske inte min son gillar det första gången och inte andra heller, men efter att ha gjort några smoothies med liknande ingredienser gillar han den nya chokladdrycken lika mycket.

Jag har ett ansvar gentemot mina barn. Därför ville jag börja laga vad jag anser är bra mat. Jag önskar att jag hade tagit det ansvaret tidigare, jag önskar att jag hade förstått vikten av vår kost och hur den påverkar våra kroppar och vår miljö. Men det är framtiden jag kan påverka. Därför vill jag göra den här förändringen nu när jag känner att jag har tid, tålamod och nyfikenheten till det. Och vet du, det är faktiskt mycket enklare än vad jag hade föreställt mig – och så mycket roligare!

Kom också ihåg att du inte behöver byta ut all mat på en gång. Om du varje gång du handlar och lagar mat tänker att du ska göra ett val som är bättre än tidigare är du på rätt väg.

Under de senaste årens matresa har mina barn fått testa många juicer och smoothies, alla har inte smakat bra men de har tålmodigt hjälpt mig att hitta de smaker vi tycker om och jag har hela tiden sett till att vi använt bra råvaror. Jag har också läst till kostrådgivare, mest för min egen skull eftersom jag tycker att matens påverkan på våra kroppar är så intressant. Men jag vill också kunna inspirera andra. Det är något jag brinner för.

FRÅN MIG TILL DIG

Det jag skriver här är först och främst min uppfattning och min tro på vad som är bra mat. Jag har visserligen läst mycket, utbildat mig, frågat och testat mig fram. Men ämnet är omfattande och i flera frågor finns olika åsikter bland experterna. Dessutom går forskningen hela tiden framåt och nya rön kommer. Så se det här först och främst som en inspirationsbok, där jag valt ut det jag personligen tycker är viktigast, fylld med smaker som jag gillar.

Du får nyttig och god mat som fungerar i vardagen. Jag ger också lite tips på hur jag löser maten när jag reser eller jobbar på resande fot. Lite planering i vardagen gör nämligen stor skillnad för energi och välmående. Dessutom har jag lagt till lite av mina tankar gällande mat och träning.

Jag inspireras av människor och miljöer och det kommer du att märka bland recepten. Det finns recept med smaker från olika delar av världen, men även flera där jag inspirerats av kompisar.

Min önskan med den här boken är att inspirera dig (och din familj!) till att stegvis välja bättre och godare mat. Jag brinner för god hälsa, både i kropp och själ, och hoppas att fler vill ta ansvar och göra sundare val varje dag. Så nästa gång du tänker mat, mellis eller dryck – gör ett val, ett bättre val!

MITT SKAFFERI

Min egen mer medvetna matresa började egentligen direkt när jag kom hem från den där New York-resan. Jag började med att titta vad jag stoppade ner i korgen när jag handlade. Valde ekologiskt eller kravmärkt så fort det valet fanns. Hemma tittade jag vad jag hade i skafferi, kylskåp och frys. Där var det knökat med råvaror och tillbehör – men väldigt lite av sånt jag använde. Dessutom hade mycket av det passerat bäst före-datum för längesedan. Fy, så ville jag inte ha det. Jag slängde allt gammalt, försökte se vad jag verkligen använde och vad som skulle bort. Sedan skrev jag en kort lista på det jag ville lägga till i mitt skafferi. Jag bestämde mig också för att börja med några få saker som jag lärde mig att använda på olika sätt, i olika rätter, så att jag visste att jag verkligen kunde använda dem flera gånger.

Att göra så här, ta ett steg (en råvara!) i taget vill jag rekommendera även dig. Annars är det lätt hänt att man kommer hem med tre kassar hälsosamma ingredienser som sedan blir stående. Köp hem exempelvis avokado och ingefära och se vad du kan göra med dem – allt från sallader och salladsdressingar till egna goda smoothies eller soppor. Sedan väljer du ut nya råvaror allt eftersom. På det här sättet har jag sakta men säkert lagt till mer och mer i takt med att jag lärt mig nya recept. Det har varit roligt, och inte speciellt krångligt.

På nästa sida finns en lista på det som finns i mitt kök numera. Jag använder mig bara av ekologiska råvaror i den mån de finns att tillgå.

Frukt- och grönsaksjuicer, för recept se s. 92.

MITT KRYDDSKÅP

Chilipulver
Citronpeppar
Kanel
Kardemumma
Koriander
Oregano
Paprikapulver
Salt
Spiskummin
Svartpeppar
Timjan
Vitpeppar
Örtsalt

ÖVRIGA SMAKSÄTTARE

Buljonger
Chilipeppar
Dijonsenap
Fisksås
Honung
Ingefära
Kryddpastor
Limeblad
Sambal oelek
Sesamolja
Soltorkade tomater i olja
Tabasco
Tamarisoja
Vaniljpulver
Vitlök

FETTER

Kokosfett
Olivolja av god kvalitet
Rapsolja
Smör

I SKAFFERIET

Balsamico
Basmatiris
Bovetemjöl
Cashewnötter
Havregryn
Jordnötter
Kakao
Kokosmjölk
Krossade tomater
Maizena
Majsmjöl
Mandelmjöl
Mörk choklad
Pumpakärnor
Quinoa
Rispasta
Rött råris
Sesamfrön
Sötmandel
Torkade dadlar
Vitvinsvinäger
Äppelcidervinäger
Ättika

I KYLSKÅPET

Fetaost
Gräddfil
Havremjölk
Keso
Mandelmjölk
Mjölk (laktosfri)
Parmesan
Turkisk yoghurt
Ägg

I FRYSEN

Blåbär
Hallon
Jordgubbar
Skalade överblivna bananer, perfekt till smoothie
Kött/ fisk/ kyckling

GRÖNSAKER

Avokado
Blomkål
Broccoli
Citron
Grönkål
Gul lök
Lime
Morötter
Paprika
Potatis
Spenat
Sötpotatis
Tomater
Vitkål

HEJ DÅ VETEMJÖL

Jag har alltid haft en krånglig mage och varit känslig för laktos. Och när jag ätit gluten har jag fått ont i magen och dessutom blivit låg i humöret. När jag tar bort vetemjöl och gluten mår jag mycket bättre, magen fungerar och jag har en helt annan energi. Därför är det ett ganska självklart val för mig.

Jag tycker också det är viktigt att vi känner in vad våra kroppar klarar av. Vi är alla olika men många verkar faktiskt må bättre utan gluten. Jag har heller aldrig hört att någon mått dåligt av att sluta med vetemjölet, så det är inte direkt riskfyllt att prova. Inte behöver det vara speciellt komplicerat heller, det finns så många bra och goda alternativ.

Jag hör nu fler och fler som får problem av att äta vetemjöl. Ont i magen oftast. När jag testades för glutenintolerans för flera år sedan sa man att antingen har du celiaki eller inte, man kan inte vara känslig. I dag svarar varken läkare eller experter inom naturmedicin på samma sätt när jag frågar. De säger numer ofta att man kan vara känslig mot gluten. Vissa klarar också gluten men är känsliga för just vetemjöl.

Jag har blivit nyfiken på varför det här har förändrats. Nu är inte frågan bara om man har celiaki eller ej, utan även om man på annat sätt reagerar på gluten. Varför har problemet vuxit? Varför är det så många som reagerar på vetemjöl och gluten?

Jag har själv inte celiaki, men jag är känslig och dessutom reagerar jag på vetemjöl. Jag har försökt att förstå varför och läst på en del.

GAMMALT OCH NYTT MJÖL

Från början var vetemjöl en naturlig produkt fylld av mineraler och andra bra näringsämnen, något som använts för att baka med men även i vår matlagning. Under årens lopp har vetemjölets produktion ökat med efterfrågan och då har man också förändrat produktionen.

Det äldsta vetet (*Triticum monococcum*) var enkornigt. Det vanligaste vetet i dag (*Triticum aestivum vulgare*) har processats fram och är tvåkornigt med hjälp av tillsatta proteiner. Vetet i dag har även kraftigare stjälk då man märkte under processen att stjälken var för svag och bröts när vetet blev tvåkornigt. Man tillsatte då mer proteiner för att stärka stjälken. Med yttre medel hjälper man även till så att vetet växer fortare och vi får fler skördar.

Vetemjölet är alltså inte längre en naturlig produkt utan en processad med olika tillsatta proteiner. Det är kanske därför inte så konstigt om våra magar inte klarar av det. Dessutom är gluten ett klister som är svårt för magen att bryta ner. Tänk själv på hur det ser ut i bunken efter att du har bakat. Klistret som är kvar är det som magen måste bryta ner.

Jag tror även att all processad mat vi äter i dag, det raffinerade sockret och dessutom miljöföroreningarna påverkar hur vi bryter ner vår mat – det är mycket magen ska ta hand om som inte fanns förr. Våra magar utsätts för mycket större påfrestningar än vad den från början var uppbyggd för. Utvecklingen har gått enormt snabbt de senaste hundra åren. Jag förstår om våra kroppar inte hinner med.

VETEMJÖL OCH HÄLSAN

Det sägs också att gluten kan vara inflammatoriskt. Ett exempel är min yngsta son som gjort massor av tester hos läkare på grund av små gula prickar kring munnen, små finnar. Läkarna sa att det måste vara inflammation som är orsaken men de hittade ingenting och kunde inte komma fram till vad som orsakade prickarna. Vi blev till slut rekommenderade att ta bort vetemjölet av en person som sysslar med alternativa naturliga metoder. Det gjorde vi. En vecka senare var prickarna borta.

Min äldsta son har alltid haft lite problem med stelhet i sina knän. Kunde inte sitta på huk då det tog emot. När han slutade med vetemjöl gick det tre veckor och sedan sa han ”mamma, titta, jag kan sitta på knä utan problem”.

Jag har insett att vetemjöl helt enkelt inte gör vare sig mig eller mina söner något gott, och väljer bort det. Därför finns heller inga recept i den här boken som innehåller vetemjöl, men däremot alternativ som är både goda, enkla och med bättre näringsvärden än vetemjölsvarianter.

Vill du äta vetemjölsfritt eller glutenfritt så var noga med att läsa på förpackningen när du handlar. Ibland står det vetestärkelse, och då är det inte fritt från vete även om det inte innehåller gluten.

MINA FAVORITRÅVAROR

CHIAFRÖN

Chiafrön är en relativt ny upptäckt för mig. När jag för ett tag sedan fick en presentkorg fylld av härliga produkter – däribland chia – hade jag bara hört talas om chiapudding, och eftersom puddingar inte är min favorit så hade jag heller inte testat det. Men nu blev jag lite nyfiken.

Jag letade upp ett recept på chiapudding, rörde ihop den på kvällen och ställde i kylen så att den fick svälla ordentligt, för att sedan kunna äta den till frukost. Första gången gjorde jag på mandelmjölk kryddat med lite kardemumma. Eftersom jag inte äter så mycket yoghurt tänkte jag att det här kanske kunde vara ett bra alternativ.

Nu är jag frälst. Jag älskar min chiapudding och smaksätter den på olika sätt för att få variation. Jag äter den till frukost eller som mellanmål. Då gör jag chiapuddingen i en burk med lock som jag kan ta med mig till jobbet. Det blir också supergott att toppa den med lite nötter eller bär precis innan man ska äta.

Numer använder jag chiafrön i det mesta. Allt från granola och müsli, till smoothies eller i citronvatten efter löpning (mättar lite extra och jag har även läst att det används som en energidryck för många löpare).

Chia är en ettårig ört från salviasläktet. Den växer vilt i Mexico och Guatemala, men odlas även i andra delar av Sydamerika där det är varmt klimat. Fröna har ett högt näringsinnehåll med många nyttiga mineraler och fibrer (34 %). De innehåller åtta gånger så mycket omega 3 som lax. Dessutom är de proteinrika (21 %).

Exempel på recept

Chiapudding s. 60
Chiagranola s. 60

GRÖNKÅL

Jag blev förälskad i grönkålen när jag var i New York. Man hittar "Kale Salad" på väldigt många restauranger och juicebarer där. Jag gillar att det är lite tuggmotstånd och att man faktiskt kan använda den på många olika sätt. I Sverige har man traditionellt sett bara använt grönkålen som dekoration till julskinkan. Galet, med tanke på vad vi missar. Men nu börjar den dyka upp allt oftare. Jag har den i sallad, steker den lätt med lite olivolja och pressad citron. Jag använder den i smoothie och gör goda grönkålschips i ugnen.

Grönkålen är dessutom nyttig. Den innehåller gott om C-vitamin, A-vitamin och E-vitamin. Den är också antioxidantrik och sägs vara bra mot inflammationer.

Exempel på recept

Sallad s. 42
Pizza s. 48
Grönkålschips s. 76

ÄGG

Ägg är en råvara som alltid finns i mitt kylskåp, framförallt för att jag tycker det är gott i alla dess former. Men ägg är också packat med näring: protein, fettsyror, antioxidanter, vitaminer och mineraler. Så se till att alltid ha ett paket ägg hemma. Koka gärna några fler ägg än du äter till frukosten. Ta med ett eller två i en liten plastburk så har du ett perfekt mellis om du har tajt med tid under dagen. Förutom att ägg är både nyttigt och gott mättar de också väldigt bra.

Exempel på recept

Quinoaburgare s. 45
Äggröra s. 63
Quinoamuffins s. 82

AVOKADO

Avokado är något jag också alltid har hemma. Jag försöker oftast tänka närodlat men avokadon är ett undantag eftersom den inte finns så nära, men jag väljer självklart odlat i Spanien i stället för Mexiko om valet finns. Och ekologisk avokado finns numer i de flesta välsorterade livsmedelsbutiker.

Avokado använder jag exempelvis till guacamole, sallader och smoothies. Ibland mosar jag den och använder som smör på fröknäcke med kalkon och citronpeppar. Den innehåller också enkelomättade fetter som är bra för både kropp, hjärta och kärl.

Exempel på recept
Salmalax s. 26
Guacamole med mango s. 29
Chokladmousse s. 89

INGEFÄRA

Det var min tante Brith (min norska faster) som introducerade mig för ingefärans hälsosamma egenskaper. När hon var drygt fyrtio år fick hon bröstcancer, efter några år upptäcktes även cancer i skelettet. Hon sa då till mig att det var svårt att veta vad man kan göra för att hjälpa till i behandlingsprocessen men att det fanns en sak som hon kände att hon mådde bra av, och det var att få i sig ingefära. Dessutom gjorde den gott för lederna. Hon drack därför ingefärsvatten varje dag. Hon fyllde en kanna med en liter vatten på kvällen, skar skivor av ingefära som hon la ner i kannan och ställde in i kylen. Då hade hon ingefärsvatten för nästa dag. Det här drack hon varje dag i över tio år.

Och faktum är att den här knöliga lilla ingefärsroten, som egentligen är en ört, kan ha många bra effekter på hälsan. Den innehåller till exempel magnesium, kalcium, kalium, fosfor, koppar, mangan, zink och vitaminerna B6, C och E. Dessutom innehåller den oljor som kallas gingeroler, som när de värms upp har en värmande effekt.

Ingefäran är också antiinflammatorisk (tante Brith hade bra koll!), så den kan hjälpa exempelvis stela leder och immunförsvaret. Dessutom finns det studier som visar att ingefäran skulle kunna döda vissa cancerceller. Jag vet att min faster svarade bra på läkarnas behandling. De trodde att hon skulle klara sig i två år men hon levde i ytterligare tio år. Och även om ingefäran kanske inte var avgörande i tante Briths behandling så var den viktig för henne. Känslan av att hon själv var med och gjorde något för att må bättre betydde mycket för henne – och för mig är ingefära en fantastisk ört som bör finnas i allas hem.

Exempel på recept
Asiatiska fiskbiffar s. 20
Rawfoodbollar s. 67
Äppel- och rödbetsjuice s. 92

MYNTA

Mynta är en av mina favoritkryddor. Den är så enkel att använda. Knipsa av några blad, lägg i hett vatten och tillsätt lite honung så har du ett supergott te. Eller prova en sallad på färsk zucchini, tomat och fetaost där du ringlar över lite olivolja och sedan strör hackad mynta över – det lyfter så mycket. Eller ha bara lite mynta i ditt bubbelvatten med färska hallon. Själv tycker jag att drinken mojito är väldigt god, även utan alkohol. Den här örten är dessutom vacker att ha i köket eller på altanen. Och den sprider sig i rabatten och räcker därför länge.

Traditionellt har myntan använts för bland annat magkramper, mot inflammationer och för att motverka gaser i magen. Den sägs även hjälpa mot spänningshuvudvärk.

Exempel på recept
Nudelsallad s. 24
Äppelyoghurt s. 42
Vattenmelon med myntaströssel s. 86

NÖTTER

Nötter vill jag inte vara utan – jag älskar dem. De nötter jag oftast har hemma är cashew-, hassel-, och valnötter samt mandel. Jag använder dem till lite av varje. De är perfekta att ha med sig i en påse som snack när man reser, använda i müsli, smoothie och sallader.

Jag köper alltid naturella osaltade nötter (undviker saltade, oljerostade). Ibland rostar jag i stället själv i ugnen på 175 grader cirka 15 minuter tills de börjar få lite färg. Supergott!

Ett av Leons favoritmellanmål, sedan vi upptäckte att han var känslig mot vetemjöl, är turkisk yoghurt med cashewnötter. Ibland äter vi det till efterrätt och då med flytande honung ringlat över.

Glöm bara inte att det finns många nötallergiker, se till att ha koll på det när du tar med dig nötter i handväskan och äter på offentliga platser.

Nötter innehåller mycket protein, lite kolhydrater och en hel del fett. Framförallt det nyttiga enkelomättade fettet. Dessutom mängder av E-vitamin och B-vitamin. De innehåller också mycket energi så man behöver inte så mycket åt gången. Ofta rekommenderas 50–100 gram per dag, beroende på hur aktiv man är.

Exempel på recept
Sallad s. 78
Rawfoodbollar s. 67
Rostade nötter s. 68

CITRONER

Citroner är inte bara vackra att ha hemma i en skål i köket, de är också otroligt användbara. När jag vaknar dricker jag ett glas vatten med pressad citron. Det är en bra start för mig. Jag har även pressad citron i te, smoothies, salladsdressing eller till lax i ugnen.

Citroner är sura men innehåller basiska ämnen som frigörs i kroppen. Jag tror det kan vara bra att hjälpa kroppen att balansera upp. Våra kroppar kan ha en tendens att vara för sura. Vissa säger att vi får i oss tillräckligt i kosten som balanserar, andra hävdar att det är bra att dricka exempelvis citronvatten för att hålla pH-balansen. Även om inte vetenskapen är helt tydlig så dricker jag det varje morgon – det både smakar gott och gör mig gott.

Exempel på recept
Ugnsbakad kyckling s. 38
Broccolipesto s. 51
Citron- och honungsdressing s. 42

VAD INNEBÄR ...?

Jag startade min egen förändring för mig och barnen genom att tänka att jag skulle välja *en* ny produkt – som var ett bättre alternativ – varje gång jag handlade mat. Det ledde till att jag började läsa mer på förpackningarna, började leta efter andra hyllor med bättre produkter och upptäckte att innehållet i min korg blev mer och mer hälsosamt. Inte bara för mig och min familj utan även med tanke på miljö, djur och människors rättvisa. Att det också blev så handlade mycket om att jag började välja mat och förpackningar som var märkta med ekologiskt, KRAV, Fairtrade och Närodlat. Tyvärr är dessa varor alltid dyrare, så personligen försöker jag prioritera bort annat och lägga mer pengar på detta. Men man behöver inte byta ut allt på en gång. Se vad plånboken tillåter och börja med några produkter som exempelvis kaffe, bananer och vindruvor.

Jag gjorde så, började med en sak i taget. Jag lärde mig dessutom mycket på vägen, hittade nya råvaror och kom på nya recept. På det sättet har jag inte heller tänkt på hur mycket mer min matkorg kostar om jag jämför med tidigare. Vi är dessutom både laktos- och glutenintoleranta i vår familj, och ersättningsprodukter kostar alltid mer. Men jag tänker att om vi är fler som väljer bättre mat för oss själva, miljön, djuren och klimatet kanske priserna också går ner. Eftersom jag har möjlighet vill jag i alla fall vara med och påverka till en bättre värld med det jag kan.

Däremot kan det vara svårt att veta vad de olika märkningarna på förpackningarna betyder. Här kommer därför en kort beskrivning av vad de står för samt de olika föreningar och organisationer som kämpar för hälsosammare produkter och för bättre miljö.

EKOLOGISKT

Mat med märkningen ekologisk är mat med råvaror som kommer från ekologiska odlingar. Det innebär att syntetiska bekämpningsmedel, genetiskt modifierade organismer och konstgödsel inte får användas. De produkter som är märkta ekologiskt är odlade och förädlade enligt EU-direktivet. De flesta ekologiska produkter i Sverige är också KRAV-märkta men det finns även ekologiska produkter som inte är anslutna till KRAV. Läs mer på Livsmedelsverkets hemsida.

KRAVMÄRKT

KRAV – Kontrollföreningen för Alternativ Odling – är en svensk förening som startade 1985. De arbetar enligt EU:s krav på ekologiskt odlat me ställer även fler krav än EU gör generellt, framförallt när det gäller behandling av djur, hälsa, klimatpåverkan och socialt ansvar. Producenter och företag som arbetar inom kravkedjan kontrolleras minst en gång per år så att regler följs.

Läs mer på www.krav.se. Där hittar du mycket intressant information kring lagar, regler och andra nyheter som berör vår matproduktion.

NÄRODLAT

Närodlat är en svensk ideell förening som bildades 2000. De arbetar för ett samarbete mellan konsumenter, odlare, djurbönder, förädlare och handel. De vill jobba för ett bredare sortiment när det gäller biodynamiska och ekologiska produkter och kortare transportsträckor.

En del av deras arbete består också i att öka GMO-fria zoner i Sverige (GMO = genmanipulering). Läs mer på www.narodlat.org

FAIRTRADE

Fairtrade är en organisation som arbetar för att vi ska ha en internationell handel med respekt för mänskliga rättigheter. Handeln ska se till social, ekonomisk och miljömässig utveckling och det redan från första början i handelskedjan. Genom att köpa varor märkta med Fairtraide är vi med och bidrar till att odlare och anställda får bättre ekonomiska villkor genom att de får bättre lön och minimumpriset inte överstiger produktionskostnaden samt att långsiktiga handelsavtal skrivs. Odlare och anställda får även en premie som gynnar orten och befolkningen för att utveckla deras samhälle – till exempel skola, hälsovård och bostäder. Dessutom motarbetas barnarbete och diskriminering. Fairtrade har en egen svensk organisation, men även en internationell. Läs mer på www.fairtrade.se

GODASTE VARDAGSMATEN

Ljusen är tända, bordet stilfullt dukat och vinet öppnat. Vi skär upp skivor av den nyinköpta Salmalaxen. Toppar lätt med asiatisk blandkrydda och droppar försiktigt på soja. Så enkelt, men gudomligt gott! Vi pratar, äter, skrattar, smakar vin och diskuterar livet.

Att laga smakfull mat snabbt och enkelt ger tid över till härliga samtal och sköna skratt. Kanske smakar det extra gott när mitt sällskap får mig att tänka och känna. Ge dig tid för människor du tycker om, människor som lyssnar och får dig att skratta. Då blir måltiden en smakupplevelse och dessutom ett underbart minne.

ASIATISKA FISKBIFFAR MED ZUCCHININUDLAR

4 PORTIONER

Min lillebror Kristoffer är grym på att laga asiatisk mat. Det är han som har inspirerat mig till dessa fantastiska smaker. I maträtter är omogen mango godast och har en bra konsistens, tycker jag, men du kan självklart ta mogen om du föredrar det.

500 g fisk, t.ex. torsk, lax
1 litet ägg
2 salladslökar
1 röd chilipepparfrukt
1 msk fisksås
1 msk sesamolja
2 tsk riven ingefära
ca 1 dl sesamfrön
olja till stekning

Finhacka eller mixa fiskköttet väldigt kort i en matberedare. Vispa upp ägget och blanda ner. Hacka salladslöken fint och kärna ur och finhacka chilin. Vänd ner tillsammans med fisksåsen, sesamoljan och ingefäran. Forma biffar som du vänder i sesamfrön. Stek dem cirka 3 minuter per sida.

TIPS

Byt gärna ut 200 g fisk mot räkor, pilgrimsmusslor eller krabbkött.

ZUCCHININUDLAR

1 kg zucchini
1 röd chilipepparfrukt
1 mango, gärna omogen
200 g körsbärstomater
1 kruka koriander

DRESSING

2 msk limesaft
1 ½ msk fisksås
2 tsk honung eller 1 msk kokossocker
4 msk neutral olja

Till servering: hackade rostade cashewnötter eller torrostade jordnötter, koriander

Strimla zucchinin som spaghetti med hjälp av en mandolin eller en osthyvel. Kärna ur och finhacka chilin. Strimla mangon, dela tomaterna och finhacka koriandern, även stjälkarna. Blanda allt med zucchinin.

Blanda ingredienserna till dressingen. Häll den över zucchininudlarna precis före servering. Strö över hackade nötter.

VARIATION

Servera med ris eller i hamburgerbröd med sallad och majonnäs.

Eller sätt medelhavssmak på biffarna genom att krydda smeten med 2 tsk dijonsenap, 1 dl finriven parmesanost och 1 kruka hackad basilika i stället för chili, fisksås, sesamolja och ingefära. Zucchinnudlarna blandar jag då med tomater och färsk basilika och gör en dressing på citronsaft och olivolja till. Rostade pinjenötter ger extra crunch på toppen.

ÅNGAD TORSK MED BLOMKÅLSMOS OCH PARMESANOST

4 PORTIONER

Plånboken och tiden får bestämma om jag väljer färsk eller fryst torskrygg. Den frysta tinar dock snabbt, på cirka 20 minuter, om man lägger den i kallt vatten. Blomkålsmoset här är en favorit till flera rätter, både kött och fisk.

4 portionsbitar torskrygg
1 tsk salt
4 msk pinjenötter och pumpafrön
50 g parmesanost
basilika till garnering
svartpeppar

Till servering: olivolja eller smält smör

Salta torsken och låt den stå framme cirka 15 minuter medan du kokar moset så rimmas fisken lätt. Klappa torsken torr med ett hushållspapper. Ånga den cirka 7 minuter i lite vatten eller i en mikrovågsugn, övertäckt med plastfolie. Rosta nötterna och fröerna i en torr stekpanna under omrörning. Hyvla osten. Servera torsken med mos, nötter, frön och ost. Garnera med basilikablad och strö över nymalen peppar. Servera en god olivolja eller smält smör till så att var och en kan ringla lite över.

BLOMKÅLSMOS

1 blomkålshuvud à 700 g
ca 7 dl mjölk
1 ½ dl crème fraiche

Dela blomkålen i mindre bitar. Koka buketterna mjuka i lättsaltad mjölk cirka 10 minuter. Häll av hälften av mjölken men spar den. Mixa kålen med crème fraiche och tillsätt mjölken lite i taget till ett löst mos. Smaka av med salt.

VARIATION

Gör pestotorsk: Lägg till torkade tomater (s. 63) och servera torsken med mynta- och broccolipesto (s. 51) i stället för med nötter, parmesanost och olivolja. Blomkålsmoset är fortfarande gott till.

Gör äggtorsk med brynt smör: Ibland serverar jag torsken med kokt ägg, brynt smör, potatis och ångade haricots verts som jag river citronskal över. Så himla enkelt och en riktig middagsräddare eftersom jag alltid har ägg, potatis och smör hemma och både torsken och bönorna kan förvaras i frysen.

NUDELSALLAD MED RÄKOR OCH EDAMAMEBÖNOR

4 PORTIONER

När det gäller sesamolja så brukar den dyraste också vara bäst. Men var försiktig när du smaksätter och överdosera inte. Annars är det lätt att dressingen smakar bränt gummi.

1 kg oskalade räkor eller 300 g skalade
250 g risnudlar
250 g skalade edamamebönor
1 mango
150 g sockerärter
1 kruka koriander
1 kruka thaibasilika och/eller mynta
4 msk rostade jordnötter
3 msk rostade kokoschips

DRESSING

1 urkärnad och finhackad röd chilipepparfrukt
1 msk riven ingefära
2 msk limesaft
1 ½ msk fisksås
4 msk neutral olivolja eller jordnötsolja
2 msk sesamolja
2 tsk honung eller kokossocker

Skala räkorna. Koka nudlarna enligt anvisning på förpackningen. Tina bönorna. Skär mangon i bitar, strimla sockerärterna och hacka koriander, även stjälkarna.

Blanda samman ingredienserna till dressingen. Blanda nudlarna med räkor, mango, grönsaker och dressingen. Lägg upp på fat och toppa med örter, nötter och kokos.

TVÅ GÅNGER SALMA

Salma är verkligen en av mina favoriter – perfekt när man vill ha något lite lyxigare. Det går bra att använda vanlig lax också, men se till att den är riktigt färsk.

SALMASASHIMI MED INGEFÄRSSOJA

Sashimi är en perfekt förrätt men vill du ha en snabblagad, lyxig och nyttig middag lägger du bara till ris, edamamebönor och avokado.

4 FÖRRÄTTSPORTIONER

300 g lax, helst Salma
200 g grönsaker, t.ex. rättika, morot, gulrot, rädisor, sockerärter
1 dl tamarisoja
1 msk riven ingefära
1 tsk limesaft
1 tsk flytande honung
2 msk sesamfrön
gräslök eller koriander till garnering

Skiva laxen tunt och lägg upp på fat. Skala och riv eller skär grönsakerna tunt på en mandolin eller med hjälp av en potatisskalare. Lägg dem i iskallt vatten så att de blir riktigt krispiga. Blanda soja, ingefära, lime och honung till en sås. Rosta sesamfröna i en torr stekpanna och strö över laxen. Ta upp och torka av grönsakerna och lägg dem ovanpå. Garnera gärna med färska örter. Servera med sojasåsen.

SALMA À LA PU

Pu är en vän till mig som verkligen inspirerar när det gäller mat. Han har en skön balans mellan sund, bra och smakrik mat. Allt ska njutas. Det spelar ingen roll om det är mat, kaffe eller skumpa. Ska det ätas eller drickas ska det vara riktigt gott. Det här är en supersnabb förrätt som Pu introducerat mig för, med en härlig crunch från chipsen. Vill du ha laxen som snacks kan du lägga laxen och avokadon på chipsen och servera som munsbitar.

4 FÖRRÄTTSPORTIONER

300 g lax, helst Salma
1 lime
1 avokado
1 tsk örtsalt
1 tsk chiliflakes
1 tsk svartpeppar
1 dl rotfrukts- eller lantchips
koriander och limeklyftor till garnering

Skiva laxen tunt och lägg upp på fat. Riv skalet av limen och pressa 1 tsk limesaft. Mosa avokadon med limesaften och smaka av med ½ tsk örtsalt. Blanda limeskalet med chili, ½ tsk örtsalt och peppar. Strö kryddblandningen över laxen och toppa med avokadoröra och rotfruktschips. Garnera med koriander. Servera med limeklyftor så kan gästerna själva justera syran.

TACO MED LAX OCH TOMATSALSA

4 PORTIONER

Jag brukar göra en stor laddning med tacokrydda så att det alltid finns hemma eftersom vi använder det till olika rätter. Det är gott till både lax, kött och kyckling. När barnen är med gör jag också en lite snällare guacamole. Jag börjar med att blanda ihop avokado, limesaft och salt. De är nämligen inte så förtjusta i tomat, koriander och de andra ingredienserna. I deras skål brukar jag också klicka i lite gräddfil för att få den krämigare.

Ska jag bjuda på fest gör jag gärna salsan dagen innan. Smakerna utvecklas så att salsan smakar mer och som en bonus blir det mindre stressigt. Om det blir någon lax över är den god att lägga i quesadilla eller i en sallad.

4 portionsbitar lax eller en hel laxsida, ca 900 g om ni är många

Klappa in fyra portionsbitar eller en bit lax med 1 tsk tacokrydda per 150 gram lax. Baka i ugnen i 175 grader i 12 minuter för portionsbitar och cirka 15 minuter för en hel bit.

PICO DE GALLO – TOMATSALSA

4 tomater
2 schalottenlökar
1 vitlöksklyfta
1 chilipepparfrukt, gärna jalapeño
1 kruka koriander
1 msk limesaft
salt, svartpeppar

Finhacka tomaterna men ta bort det hårda rotfästet. Skala och finhacka lök och vitlök och kärna ur och finhacka chilin. Hacka koriandern, även stjälkarna. Blanda samman alla ingredienser. Smaka av med salt och peppar.

EGEN TACOKRYDDA

Vanlig tacokrydda innehåller socker, jag har i stället i en gnutta kanel som också ger söt smak. Om du gillar vitlök kan du tillsätta 2 msk vitlökspulver så smakar det ännu mer som den färdigköpta kryddan.

2 msk anchochilipulver
1 msk malen spiskummin
1 tsk paprikapulver
1 tsk oregano
2 krm kanel
1 tsk salt
1 tsk svartpeppar

Blanda alla ingredienser. Häll upp i en burk med lock och förvara långt ifrån spisen och gärna på en mörk plats. Då behåller kryddorna sin smak längre.

GUACAMOLE MED MANGO

1 vitlöksklyfta
1 chilipepparfrukt, gärna jalapeño
½ tärnad mango, ca 75 g
1 liten tomat
½ kruka koriander
2 avokador
1 msk limesaft
salt

Skala och finhacka vitlöken. Kärna ur och finhacka chilin. Hacka tomaten och koriandern, även stjälkarna. Mosa avokadon, blanda samman alla ingredienser och smaka av med salt.

Till servering: Familjens favorittillbehör. Hos oss är det tacobröd (s. 102), gräddfil, riven ost, majs, sallad, hackad röd paprika samt grovriven blomkål blandad med lite limesaft, tacokrydda och olivolja.

VARIATION

Du kan också göra en indisk lax på liknande vis. Blanda tandoorikrydda med yoghurt och några matskedar kokosflingor. Bred såsen på laxen och baka på samma vis. Servera med ris, rostade cashewnötter, gurka och ångade grönsaker. Supergott!

FISK I PAKET MED KOKOSMJÖLK

4 PORTIONER

Första gången jag åt fisk i folie var hos min tante Brith i Norge. Jag var inte så förtjust i fisk på den tiden men när jag blev serverad på det här sättet var smakerna helt annorlunda. De stannade liksom kvar i foliepaketet. Jag tycker också att det är kul att alla får öppna sitt eget lilla paket. Jag brukar oftast använda lax, men blandar olika fisk- och skaldjursbitar när jag vill lyxa till det.

Barnen gillar inte så starka smaker så de får bara kokosgrädde på sin fisk.

200 g zucchini
150 g salladsärter, sockerärter eller edamamebönor
400 g fisk- och skaldjursbitar, t.ex. torsk, lax, eller 4 portionsfiléer
1 lime eller citron
2 ½ dl kokosmjölk
1 msk röd currypasta
1 tsk fisksås
2 tsk maizena
4 ark bakplåtspapper, folie eller stekpåsar
salt

Till servering: ris (gärna rött råris), citrusklyftor och koriander

Skiva zucchinin tunt. Lägg den tillsammans med ärterna mitt på fyra bakplåtspappersark eller foliebitar. Lägg på fisken. Riv skalet av citrusen och spar till räkorna. Blanda kokosmjölk med currypasta och fisksås och pressa i 1 tsk limesaft. Koka upp och red med maizena. Skeda sedan cirka 3 msk över varje fiskbit. Vik ihop som ett paket. Nyp ihop kanterna ordentligt. Baka 12–15 minuter i 175 grader eller lägg paketen på grillen. Toppa fisken med limeräkorna och servera med ris och limeklyftor.

LIMERÄKOR

500 g oskalade räkor
2 msk rostade kokoschips
½ kruka koriander
skalet av 1 lime eller citron

Skala räkorna och finhacka koriandern, även stjälkarna. Blanda med limeskalet och kokoschips.

VARIATION

Ibland brukar jag göra en japansk lax på samma sätt. Då blandar jag samman lite sesamolja, soja, riven ingefära, limesaft och misopasta som jag häller över laxen. Var försiktig med sesamoljan bara, cirka 1 msk brukar räcka för att ge smak.

Du kan också smaksätta på klassiskt svenskt vis med exempelvis crème fraiche eller grädde som du blandar med lite senap, kapris och dragon.

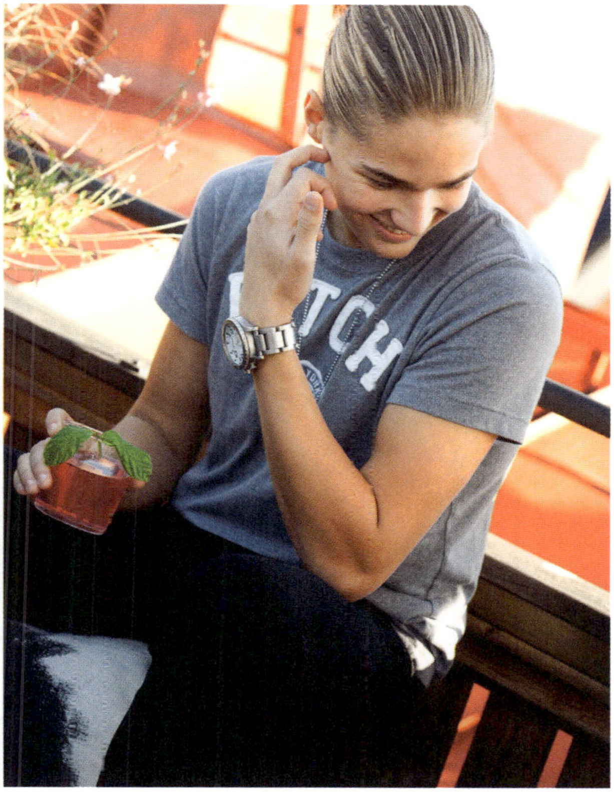

KYCKLINGBURGARE MED SÖTPOTATISKLYFTOR

4 PORTIONER

Saftiga och smakrika burgare serverar jag gärna med goda såser och tillbehör, som sötpotatisklyftor och salladsblad – perfekt för mig som inte äter gluten.

1 schalottenlök
1 ägg
2 tsk dijonsenap
500 g kycklingfärs
½ tsk rökt paprikapulver
1 tsk malen spiskummin
1 tsk salt

Skala och finhacka löken. Vispa upp ägget med senapen i en bunke. Rör ner övriga ingredienser. Forma till burgare med fuktiga händer. Stek eller grilla dem cirka 5 minuter på vardera sida.

FETAOSTKRÄM

150 g fetaost
2 dl yoghurt 10 %
2 msk olivolja
salt, svartpeppar

Mosa osten med yoghurt och olja. Smaka av med salt och peppar.

HONUNGSPICKLAD RÖDLÖK

1 stor rödlök
5 msk vatten
3 msk honung
1 ½ msk ättiksprit 12 %

Skala och skiva löken tunt. Blanda vatten, honung och ättika. Lägg i löken och låt pickla minst 30 minuter.

SÖTPOTATISKLYFTOR

2 sötpotatisar, ca 500 g
2 msk olivolja
1 tsk rosmarin
salt, svartpeppar och chiliflakes

Tvätta och skär potatisen i klyftor. Blanda den med olja och rosmarin. Grilla eller stek cirka 15 minuter i 225 grader. Krydda med salt, peppar och chili.

Till servering: sallad, guacamole från sidan 29 och hamburgerbröd sidan 102.

VARIATION

Byt ut kycklingen mot finhackad lax eller kalkonfärs.

Ugnsbakad kyckling med citron och örter – och grönsaksquinoa, för recept se s. 38.

UGNSBAKAD KYCKLING MED CITRON OCH ÖRTER

4 PORTIONER *(FÖR BILD SE S. 36)*

Jag har tyckt att det varit lite läskigt med hel kyckling, men är glad att jag har lärt mig laga det nu. Dels är det väldigt gott, dels är det billigt och nyttigt. En hel kyckling brukar minst räcka till två måltider hemma hos oss. Servera gärna fetaostkrämen på sidan 34 till.

1 hel kyckling, ca 1,3 kg
1 citron
3 msk färska örter, t.ex. rosmarin och timjan
25 g kallt smör
salt, svartpeppar

Skär kycklingen längs benet och fläk ut den så att den blir platt (se bilden). Lägg den på en plåt eller i en ugnsfast form. Skär av skalet på citronen. Skiva halva citronen tunt och stick in skivorna under skinnet tillsammans med örterna. Tryck in lite smör under skinnet också. Krydda rejält med salt och nymalen svartpeppar både inuti och utanpå. Pressa över resten av citronen.

Stek kycklingen cirka 50 minuter i 200 grader. Skär gärna lite vid lårbenet för att kolla så att köttsaften är klar. Du kan också sticka in en termometer, temperaturen ska vara cirka 75 grader.

GRÖNSAKSQUINOA

2 dl quinoa
1 msk lantbuljong
1 paprika i valfri färg
½ kruka mynta
2 msk olivolja
1 msk citronsaft
3 msk pinjenötter
salt

Koka quinoan med buljongen enligt anvisning på förpackningen. Hacka paprikan och myntan och vänd ner tillsammans med övriga ingredienser. Smaka av med salt.

VARIATION

Byt ut (den ibland lite dyra) quinoan mot billigare och närodlad mathavre. Den är också glutenfri.

Gör en asiatisk chilikyckling genom att blanda samman smör- och rapsolja, soja, lite honung, riven ingefära och sambal oelek. Pensla blandningen över kycklingen och krydda med salt och peppar. Stek som originalet.

Det är också gott att göra orientalisk apelsinkyckling genom att byta ut citronen mot en apelsin. Använd då exempelvis färsk rosmarin, timjan och oregano. Krydda med 2 tsk spiskummin, 1 tsk koriander och 1 tsk chiliflakes på utsidan av skinnet. Krydda rejält med nymalen svartpeppar och salt både inuti och utanpå. Stek som originalet.

*”Min inre dörr har skyddat mitt hjärta så länge.
Men kanske också hindrat det från att leva fullt ut. Den har blivit
ganska rejäl med åren. Vad händer om jag ändrar
bilden av en tung plåtdörr till en vacker dörr av glas?*

*Dörren är fortfarande skyddande, det känns tryggt,
men jag kan se det vackra som tålmodigt står utanför och väntar.
Väntar på att bli sedd, väntar på att få se och väntar på
att få omfamna det hjärta som jag skyddat så väl.
Ja, det är dags nu. Det är dags mitt hjärta,
du ska få leva fullt ut.”*

MEXIKANSK ZUCCHINISOPPA MED MANDEL OCH VANILJ

4 PORTIONER

Jalapeño är en mild chilifrukt men om du har känsliga magar på middag kan du servera den separat. Använd gärna små gröna ärter, petit pois, för då behöver inte soppan silas.

2 gula lökar
1 vitlöksklyfta
olivolja till stekning
500 g zucchini
1 grön chilipeppar, gärna jalapeño
2 msk malen spiskummin
2 msk lantbuljong + 1 l vatten
2 dl frysta gröna ärter, gärna petit pois
ca 1 dl mandelmjöl
1 msk limesaft
½ tsk äkta vaniljpulver
salt, svartpeppar

Till servering: riven lagrad ost, rostade pumpafrön eller solrosfrön, gräddfil och koriander

Skala och finhacka löken och vitlöken. Fräs den mjuk i lite olja på medelvärme. Riv zucchinin grovt. Kärna ur och finhacka chilin. Tillsätt tillsammans med spiskummin och fräs 1 minut. Häll på buljong och vatten och koka cirka 10 minuter. Tillsätt ärterna och mandelmjölet. Mixa. Sila eventuellt soppan om du upplever att det blir skalbitar. Koka upp och smaka av med limesaft, vanilj, salt och peppar. Servera med ost, frön, gräddfil och koriander.

VARIATION

Gör en asiatisk variant! Ersätt mandelmjölet och en del av vattnet med en burk kokosmjölk och krydda med färsk riven ingefära i stället för spiskummin och vanilj.

I stället för zucchini är det också gott att göra soppan på broccoli. Då smaksätter jag gärna med basilika i stället för spiskummin och vanilj.

SALLAD MED AVOKADO OCH GRÖNKÅL

4 PORTIONER

Jag gillar att blanda frukt i sallad så att sötma möter sälta. Här kommer ett bra exempel, en riktig höst- och vintersallad med massor av nyttigheter. Är jag väldigt hungrig lägger jag till ett löskokt ägg.

2 dl quinoa eller glutenfri mathavre
2 avokador
1 moget päron
300 g orensad grönkål
4 torkade aprikoser eller ½ dl gula russin
50 g tamarirostade sötmandlar
150 g fetaost

CITRON- OCH HONUNGSDRESSING

2 msk citronsaft
4 msk olivolja
1 msk honung
salt, svartpeppar

Koka quinoan enligt anvisning på förpackningen. Låt svalna. Skär avokadorna och päronet i bitar och repa bladen av grönkålen. Hacka aprikoserna och mandlarna grovt. Blanda samman ingredienserna till dressingen. Massera grönkålen med 1 msk av dressingen. Blanda med quinoa, avokado, päron och aprikoser. Toppa med mandlar och ost. Häll på resten av dressingen. Servera med äppelyoghurten till.

ÄPPELYOGHURT MED MYNTA

1 äpple
1 kruka mynta
2 dl matyoghurt 10 %
skalet från 1 tvättad citron
salt, svartpeppar

Riv äpplet grovt och krama ur det lite lätt. Finhacka myntabladen. Blanda med yoghurt och citronskal och smaka av med salt och peppar. Ställ kallt.

VARIATION

På våren och sommaren byter jag ut grönkålen mot färsk spenat och quinoan mot färskpotatis. Godast blir då salladen om jag kokar potatisen, delar den och häller på lite av dressingen när potatisen fortfarande är ljummen. Jag brukar också variera ost efter humör – getost, mozzarella, parmesan, västerbottensost – allt blir gott.

TIPS

Kung markatta har jättegoda snacksmandlar som är rostade med tamari – japansk soja. Nu har jag lärt mig göra dem själv. Jag rostar bara oskalade mandlar i en stekpanna utan fett. När de börjar få färg häller jag på lite ljus japansk soja och tar av från värmen. Mandlarna får en rökig god smak.

QUINOABURGARE MED GRÖNSAKER OCH BASILIKA

4 PORTIONER

När jag ändå kokar quinoa brukar jag passa på att koka lite extra att förvara i kylen till exempelvis dessa biffar, muffinsen på sidan 82 eller gröten på sidan 54.

1 medelstor morot
1 liten palsternacka
1 broccolihuvud
3 ägg
1 kruka basilika
1 ½ dl riven parmesanost
1 tsk salt
2 krm mellanmalen svartpeppar
3 dl kokt quinoa
1 dl majsmjöl
1 dl quinoaflingor
olja till stekning

Till servering: hamburgerbröd (s. 102), sallad, tomat

Skala moroten och palsternackan och skär i mindre bitar. Skär av buketterna från broccolin. Spar stammen till broccolislawen. Mixa buketterna, moroten och palsternackan fint i en matberedare. Tillsätt ägg, basilika, ost, salt och peppar och mixa lite till. Vänd ner quinoa och majsmjöl. Låt stå cirka 10 minuter.

Forma till 8 burgare, ungefär som små puckar, och vänd dem i quinoaflingorna. Gör dem höga och platta sedan ut dem i stekpannan, då håller de ihop bättre. Stek burgarna i olja cirka 3 minuter per sida tills de är gyllenbruna. Servera med tillbehören.

BROCCOLISLAW

broccolistam + 2 krm salt
1 stor morot
1 bit rödkål, ca 300 g
1 dl yoghurt 10 %
1 ½ dl majonnäs
1 tsk dijonsenap
salt, svartpeppar

Skala och riv broccolistammen grovt. Blanda med salt och låt dra cirka 15 minuter. Pressa ur vätskan med händerna eller genom en finmaskig sil. Skala och riv moroten grovt och strimla kålen fint. Blanda samman yoghurt, majonnäs, senap och grönsaker. Smaka av med salt och peppar. Ställ kallt.

VARIATION

Servera burgarna med rostade potatisklyftor. Alla tillbehören till kycklingburgaren på sidan 34 är också goda till.

Pizza med färskost och grönkål, för recept se s. 48.

PIZZA MED FÄRSKOST OCH GRÖNKÅL

2 PIZZOR *(FÖR BILD SE S. 46)*

När det gäller pizza har jag två bra tips: lägg inte på för mycket sås, det gör bara pizzan vattnig, och sätt plåten i ugnen först. Jag bakar ut pizzan på ett bakplåtspapper som jag sedan lägger på den varma plåten. Då gör undervärmen att botten blir krispig. Om du ändå tycker att botten blir för mjuk, fräs broccolin i stekpannan innan så får du ur lite vätska.

Oftast gör vi göra en half/half. Barnen har sina favoritingredienser – riven ost, kalkon och pepparsalami – på sin halva, och jag har mina favoriter på den andra.

1 broccolihuvud, 250 g
3 ägg
1 dl mandelmjöl
1 dl bovetemjöl
1 tsk oregano
½ tsk salt
en nypa chilipeppar

Skär av broccolistammen och skala den. Riv på rivjärn eller kör i en matberedare till fina smulor. Knäck i äggen och tillsätt övriga ingredienser. Mixa lite till. Krydda med salt.

Kleta ut smeten tunt på varsitt bakplåtspapper med hjälp av en slickepott. Grädda cirka 10 minuter i 225 grader varmluft tills pizzan fått fin färg. Lägg på valfri topping, sänk värmen till 200 grader och grädda 5–10 minuter tills pizzan är gyllenbrun.

MIN FAVORITPIZZA BESTÅR OFTAST AV

lite tomatsås
parmaskinka eller rökt kalkon
grönkål, rensad och kramad med lite olja
klickar av färskost, t.ex. mascarpone
mozzarella
pinjenötter
färsk basilika

VARIATION

Byt ut broccolin mot blomkål. Mina barns absoluta favorit gör jag av 3 dl riven blomkål, 1 dl mandelmjöl, 3 ägg, 2 dl riven ost och smaksätter med cayenne, salt och oregano. Vi brukar också "fuska" ihop en snabb tomatsås av tomatpuré, olja, salt och cayennepeppar – superenkelt.

QUESADILLA MED SÖTPOTATIS OCH BROCCOLIPESTO

4 PORTIONER

Quesadilla är familjevänlig snabbmat och också ett perfekt sätt att ta tillvara på rester. Den här peston använder jag också till pasta, fisk, varma mackor eller att toppa soppor med. Den håller sig några veckor i kylen om man täcker den med olja och inte stoppar ner några provsmakarfingrar.

1 liten sötpotatis
1 vitlöksklyfta
ca 3 msk crème fraiche
1 msk riven ingefära
salt, svartpeppar, chilipeppar
4 msk broccolipesto
4–6 wrapsbröd, s. 106
100 g riven mozzarella eller lagrad hårdost
olja till stekning
basilika till garnering

Skala och skär sötpotatisen i bitar. Koka den i saltat vatten med skalad vitlök tills den är mjuk, cirka 10 minuter. Häll av vattnet och mosa med crème fraiche och ingefära. Smaka av med salt, peppar och lite chilipeppar

Bred sötpotatismoset och peston på bröden och lägg på osten. Vik på mitten och stek i olja tills brödet fått fin färg och puffar upp, cirka 1 minut på vardera sida.

Garnera med basilika.

MILD BROCCOLIPESTO MED MYNTA

I vanliga fall har man vitlök i pesto, men jag brukar hoppa över den när jag lagar till familjen då alla inte gillar vitlök. Ibland brukar jag i stället riva ner lite citronskal eller ingefära eller ha i en finhackad färsk jalapeño för extra smak.

1 broccolihuvud, 250 g
2 krukor mynta eller 1 basilika och 1 mynta
50 g pinjenötter
75 g riven parmesanost
2–3 dl olivolja
salt, svartpeppar

Skär av broccolibuketterna. Mixa eller riv dem grovt. Du kan också skala och mixa med stammen om du använder en matberedare. Tillsätt örter, nötter, ost och mixa till en grön massa. Tillsätt oljan lite i taget och smaka av med salt och peppar.

VARIATION

Quesadilla är perfekt restmat. Fyll dem till exempel med blomkålsmoset på sidan 23 och riven ost. Barnens favorit är med stekt kyckling, guacamole, riven ost och tomatsalsan på sidan 28.

Peston funkar också fint till zucchinispagetti. Blir supergott med lite körsbärstomater i halvor, några blad färsk basilika och lite tärnad fetaost eller riven parmesan.

NYTTIGA FRUKOSTAR

Det är något magiskt med tidig morgon. Allt är stilla. Så tyst. Daggen glittrar i gräset. Tiden är så oviss. Känslorna vaknar till liv och drömmarna pockar på uppmärksamhet. Det är skönt att allt är stilla. Det är skönt att bara drömma, det är skönt att bara få känna. Det är skönt att stunden är oviss. Den är bara min.

GRÖT PÅ TVÅ SÄTT

Här är två varianter på quinoagröt. En kokt från grunden på quinoaflingor och en gjord på kokta quinoafrön, perfekt när det finns rester i kylen.

GRÖT MED BLÅBÄR OCH KARDEMUMMA

2 PORTIONER

4 torkade aprikoser
1 dl quinoaflingor (eller glutenfria havregryn)
3 dl vatten eller kokosmjölk eller hälften av vardera
1 krm äkta vaniljpulver
½ tsk mortlade kardemummafrön
en nypa salt
1 dl blåbär, frysta går bra

Till servering: blåbär, kokoschips, mjölk och ev. honung och mynta

Strimla aprikoserna. Blanda med quinoaflingor, vätska, vaniljpulver, kardemumma och salt i en kastrull. Koka upp och koka cirka 5 minuter. Rör ner blåbären och låt gröten bli varm igen. Toppa med blåbär, kokoschips och kanske några myntablad och lite honung. Servera med mjölk.

GRÖT MED ÄPPLE OCH KANEL

1 PORTION

1 dl kokt quinoa
1 dl mandelmjölk
1 krm äkta vaniljpulver
½ tsk kanel eller 1 kanelstång
en nypa salt
½ rivet äpple

Till servering: kokoschips, torkat äpple, granola, mandelmjölk och ev. honung

Koka upp den kokta quinoan med mjölken, kryddorna och en nypa salt. Tillsätt äpplet och koka tills nästan all vätska kokat in, cirka 2 minuter. Toppa med kokos, torkat äpple, granola och eventuellt honung. Servera gärna med mandelmjölk.

VARIATION

Byt ut äpplet mot rivet päron. Smaka av med lite ingefära.

MINIPANNKAKOR MED PASSIONFRUKTSYOGHURT

4 PORTIONER

Lyxiga helgpannkakor uppskattas i vår familj. Vi äter dem med säsongens frukter och bär, eller med frysta och tinade bär när det är skralt i fruktskålen.

1 burk kokosmjölk, ca 400 g
3 ägg
2 dl rismjöl (eller mandelmjöl + ½ msk husk)
1 tsk bakpulver
½ tsk äkta vaniljpulver
½ krm salt
smör, olja eller kokosfett till stekning

PASSIONSFRUKTSYOGHURT

2 dl yoghurt 10 %
inkråmet från 2 passionsfrukter
2 tsk honung

Till servering : 400 g frukt och bär, t.ex. ananas, blåbär, avokado; 3 msk kokoschips och rostade solrosfrön. Mynta till garnering

Rör samman ingredienserna till pannkakorna och låt vila 15 minuter. Skär under tiden frukten i bitar. Blanda samman ingredienserna till yoghurten. Stek pannkakorna i fett, använd en plättlagg eller ha i ungefär ½ dl per pannkaka. Toppa med frukt, bär och kokoschips. Servera med en klick passionsfruktsyoghurt. Garnera med mynta.

VARIATION

Du kan också mixa ner en banan, en finriven morot eller rivet urpressat äpple, i smeten.

Chiapudding med banan och jordgubb, för recept se s. 60.

CHIAPUDDING MED BANAN OCH JORDGUBB

1 PORTION *(FÖR BILD SE S. 58)*

Banan och jordgubb är en himla god kombination men det går så klart bra att byta ut mot andra bär, färska i säsong eller tinade frysta.

Jag gör alltid chiapuddingen på kvällen så att chiafröna får svälla ordentligt. Gör den gärna direkt i en burk med lock – då slipper den ta lukt av annat i kylskåpet och är enkel att ta med sig om det blir en stressig morgon. En sund variant att äta när det passar alltså. Klara, färdiga, god morgon!

1 ½ dl mandelmjölk
1 liten banan
3 msk chiafrön
1 msk linfrön
½ tsk äkta vaniljpulver

Till servering: jordgubbar, passionsfrukt och rostade kokoschips

Mosa eller mixa bananen med mandelmjölken. Tillsätt de övriga ingredienserna och låt stå minst 30 minuter, eller över natten. Servera med bär, frukt och kokoschips.

VARIATION

Du kan också strö över lite pulver av någon antioxidant eller superfrukt som acai, blåbär, tranbär, vetegräs eller nypon. Du som gillar choklad kan mixa ner 1 msk kakaopulver och 1 tsk honung. Vill du ha mer gröt (och en nyttigare sådan!) än pudding mixar du med några matskedar havregryn innan blandningen får stelna i kylskåpet.

CHIAGRANOLA MED QUINOAPUFFAR

EN STOR BURK

Bästa sättet att göra en chunky granola är att grädda den som en stor kaka och sedan bryta den i bitar. Den här är inte lika söt som köpta varianter men du kan söta den precis hur du vill – med mer eller mindre honung. Den är så klart glutenfri också. Jag smaksätter med kokos, nötter och den frukt som finns hemma.

1 dl äppeljuice eller vatten
1 dl honung
1 dl neutral rapsolja
1 dl chiafrön
1 tsk äkta vaniljpulver
2 tsk malen kanel
½ tsk salt
5–6 dl blandade gryn, t.ex. bovete, havre, quinoa
2 dl quinoapuffar
2 dl pumpafrön

FRUKT OCH NÖTTER

2 dl rostade kokoschips
1 dl rostade grovhackade hasselnötter
2 dl torkade äppeltärningar
1 dl gula russin, mullbär eller torkade granatäppelkärnor

Blanda samman juice, honung och olja i en bunke. Rör ner chiafröna och låt blandningen svälla cirka 5 minuter. Rör ner övriga ingredienser utom frukt och nötter till en ganska fast massa. Platta ut på en plåt med bakplåtspapper. Lägg ett bakplåtspapper över och tryck till med händerna så att det blir en kompakt och jämn kaka. Grädda i mitten av ugnen i 150 grader varmluft i 20 minuter. Vänd på plåten och grädda ytterligare 15–20 minuter tills granolan blivit gyllene men inte bränd. Bryt kakan i bitar med hjälp av en stekspade och ställ in plåten i ugnen igen. Stäng av värmen och låt granolan svalna i ugnen. Blanda ner frukt och nötter när granolan har svalnat helt.

ÄGGRÖRA MED TORKADE TOMATER

1 PORTION

När tomater torkas i ugnen får de en ljuvlig söt smak. Gör gärna dubbel sats. Tomaterna håller cirka en vecka i kylen och flera veckor om man täcker dem med olja. Som soltorkade tomater på burk fast utan solen alltså.

2–3 ägg
1 msk vatten, grädde eller mjölk
salt, svartpeppar
smör eller olja till stekning
1 msk riven parmesanost
färska örter till garnering

Vispa samman ägg och vätska i en bunke. Krydda med salt och svartpeppar. Smält smör eller olja i en stekpanna eller en tjockbottnad kastrull. Häll i smeten och rör på medelvärme med en trägaffel eller en värmetålig slickepott tills äggröran har stelnat. Rör ner osten. Toppa med torkade tomater och garnera med örter.

TORKADE TOMATER MED CITRON

4–6 PORTIONER

1 citron
250 g körsbärstomater
2 msk olivolja
1 tsk honung
1 msk färsk timjan eller oregano
salt, svartpeppar

Tvätta citronen, riv skalet och spar det. Pressa 1 msk citronsaft. Dela tomaterna på mitten och blanda med olja, citronsaft och honung. Lägg dem på en plåt med bakplåtspapper med snittsidan uppåt. Krydda med örter, salt och peppar. Baka i 175 grader i cirka 1 timme tills de är halvtorkade. Låt svalna. Blanda med citronskalet.

VARIATION

Smaksätt äggröran med den ost du har i kylskåpet. Mozzarella blir krämigt, västerbottensost blir smakrikt och brie blir lyxigt. Du kan också smaksätta den med en kraftig olivolja eller några droppar sesam- eller tryffelolja. Avokado, kalkon och fröknäcke (s. 106) blir gott till eller som variation till tomaterna.

MELLANMÅL SOM BOOSTAR

Jag har inte alltid gått rätt väg. Ibland blir det omvägar och jag möter hinder som tar emot. Men jag har gjort mina val och jag kan inte ändra det som varit. Jag ångrar inte ett enda steg. Att snubbla har också sin charm.

För det är ändå så att de flesta stigar jag gått, berg jag bestigit och de vägar jag sprungit har haft de vackraste utsikter, den skönaste luft att andas och den varmaste sol – som tillsammans fyllt mig med så mycket energi.

RAWFOODBOLLAR

CIRKA 18 BOLLAR

Jag brukar ta lite vad jag har hemma i skafferiet när jag gör mina rawfoodbollar. Övervägande andel nötter, lite torkad frukt, lite nyttiga fetter och någon smaksättning. Om du gör din egen nötmjölk är det perfekt att använda nötmassan som blir över i stället för nötter till de här bollarna.

Mina söner tycker att det här är ett perfekt mellanmål, både hemma och att ha i väskan när de är ute på något.

250 g hasselnötter
8 urkärnade dadlar
1 tsk äkta vaniljpulver
2 msk kakao
3 msk kokosolja
en nypa salt
kokosflingor, bipollen, hampafrön eller citrusskal att rulla bollarna i

EXEMPEL PÅ SMAKSÄTTNING

1 mosad liten banan
½ tsk malen kanel
½ tsk malen kardemumma
2 tsk blåbärspulver
1 tsk riven ingefära
1 tsk lakritspulver
1 krm chilipeppar
en skvätt starkt kaffe

Blötlägg eventuellt hasselnötterna 1 timme i kallt vatten så blir de lättare att mixa. Häll av vattnet. Mixa alla ingredienserna. Tillsätt eventuellt en eller två smaksättningar och mixa lite till. Rulla till bollar. Rulla dem i exempelvis kokos, bipollen, hampafrön eller citrusskal.

VARIATION

I stället för dadlar brukar jag variera mina bollar med aprikoser, fikon eller torkade tranbär, och nötterna efter vad som finns i skafferiet och hur bråttom det är. Jag använder ofta sötmandlar och cashewnötter i stället för hasselnötter, men de behöver blötläggas 8 timmar. De innehåller nämligen ett enzym, fytinsyra, som kan hindra matsmältningen. Genom blötläggning försvinner enzymet och vi kan tillgodogöra oss alla näringsämnen. Hasselnötter behöver inte blötläggas för enzymets skull men de blir enklare att mixa.

FRUKTSKIVOR MED MANDELSMÖR & KRISTINS FRÖBLANDNING

2 PORTIONER

En kompis till mig som arbetar i New York bjöds en gång på jobbet på det här och tipsade sedan mig. Det är ett bra, mättande mellanmål. Jag själv testade det första gången som frukost när jag sprang ett lopp i New York. Vid sådana tillfällen behöver jag ju ha i mig mycket energi utan att äta stor mängd mat. Det här fungerade jättebra.

Här kan du så klart variera frukten efter säsong och humör. Det är också kul att testa olika nötsmör som cashew- eller hasselnötssmör.

2 äpplen, päron, en melonskiva, lite jordgubbar eller annan frukt
2 msk mandelsmör
2 msk Kristins fröblandning

Skär skivor av frukt. Bre på mandelsmör och doppa i, eller strö på, fröblandningen.

KRISTINS FRÖBLANDNING

1 dl solrosfrön
1 dl pumpakärnor
1 dl kokosflingor

Blanda samman. Förvara i en burk eller flaska med tättslutande lock.

VARIATION

Testa gärna att rosta fröerna och kokosen i ugnen så att de får mer smak. Du kan också variera blandningen med sesamfrön eller melonkärnor och smaksätta med chili och flingsalt om du vill ha en salt fröblandning.

ROSTADE NÖTTER MED HONUNG OCH ROSMARIN

EN LAGOM SKÅL FÖR 4 PERSONER

Ljuvliga rostade nötter som funkar både som snacks och som mellanmål.

300 g blandade nötter
2 msk honung
2 repade kvistar färsk rosmarin
flingsalt

Rosta nötterna i en het stekpanna utan fett under omrörning. Häll på honungen och rosmarinen. Rör om tills honungen har smält, häll eventuellt på 1 msk vatten. Häll nötterna på ett bakplåtspapper och strö flingsalt över. Låt svalna.

VARIATION

Variera kryddningen med exempelvis sesamfrön, lakritspulver, chiliflakes, paprikapulver, timjan eller citronskal.

ABERCROMBIE
& FITCH

För mig har mellanmål alltid varit något man ger barnen. Något de fick på förskolan eller åt när de kom hem på eftermiddagen så att de inte skulle somna före middagen. Märkligt att jag aldrig tänkte tanken att det kanske var en bra idé för mig också.

För några år sedan, efter att jag varit sjuk i twar, fick jag hjälp av en kostrådgivare att komma igång med maten då min förbränning gått ner. Jag fick råden att äta mindre portioner med jämna mellanrum och vid samma tid varje dag. Och så fick jag förklarat vikten av att få i sig mellanmål. Mitt blodsocker åkte upp och ner och jag hade inte någon balans i energin, humöret eller förbränningen. När jag började äta mellis var jag inte vrålhungrig när det var dags för lunch eller middag vilket gjorde att jag inte åt lika stora portioner. Efter bara några dagar märkte jag hur energinivån var jämnare och magen lugnare.

I dag är mellis en del av min familjs vardag. Jag äter det klockan tio och fyra varje dag, då är det enkelt att ha koll.

BERCROMBIE
& FITCH
Since 1992

EM'S GRANOLA BARS

CIRKA 15 BARS

Min kompis Emily i Los Angeles ligger bakom det här receptet. Det är gudomligt goda granola-bars som är lätta att baka och perfekta att äta när kroppen längtar efter kolhydrater och något sött. Receptet kan bli personligare om du använder de nötter och den torkade frukt som du tycker om! Perfekt och enkelt att ta med sig "on the go".

2 dl havregryn
2 dl quinoapuffar
½ dl linfrön
2 dl kokosflingor
2 dl hackad sötmandel
2 dl flytande honung
½ dl olivolja eller rapsolja
½ tsk salt
1 krm malen ingefära
1 krm malen muskotnöt
1 tsk malen kanel
1 tsk äkta vaniljpulver
1 dl hackade valnötter
3 dl torkad frukt t.ex. aprikoser, dadlar, fikon och gula russin

Lägg havregryn, quinoapuffar, linfrön, kokos och mandel på en plåt och rosta i 175 grader tills de är gyllenbruna, cirka 10 minuter. Blanda honung, olja, salt, kryddor och valnötter i en bunke. Skär eventuellt den torkade frukten i mindre bitar och lägg ner. Vänd ner den rostade grynblandningen.

Klä en ugnsform cirka 20x30 cm med bakplåtspapper. Stjälp upp blandningen. Lägg ett bakplåtspapper över eller tryck till med vattensköljda händer så att det blir en kompakt kaka. Grädda i 175 grader tills kakan är gyllenbrun, 25–30 minuter. Låt svalna och skär sedan i bitar. Förvara i en lufttät burk eller frys in.

VARIATION

Smaksätt med hackad mörk choklad, kardemumma, bipollen eller kakaonibs.

ÄGGPLÄTTAR

Plättar utan mjöl går snabbt att göra som mellis. Blir det några över är de goda dagen efter i lunchlådan. Har jag rester som räkor, kyckling, pesto eller guacamole är det också gott att lägga på de salta ostplättarna. Bananplättarna däremot blir godast med kvarg, frukt och bär.

SALTA OSTPLÄTTAR

CIRKA 8 STYCKEN

3 ägg
1 tsk bakpulver
1 krm salt
1 nypa cayennepeppar
1 msk fiberhusk
3 dl lagrad riven ost t.ex. västerbotten

Till servering: sockerärter, paprika i olika färger, hackad gräslök och en klick gräddfil eller färskost naturell

Vispa upp äggen och vispa ner bakpulver, salt och cayennepeppar. Blanda ner övriga ingredienser. Låt smeten vila 5 minuter. Klicka ut 8 plättar på en plåt med bakplåtspapper. Grädda i 200 grader i cirka 10 minuter tills plättarna fått fin färg. Servera med grönsaker och en klick gräddfil eller färskost.

SÖTA BANANPLÄTTAR

CIRKA 16 STYCKEN

3 bananer
6 ägg
2 krm salt
1 tsk kanel
1 tsk bakpulver
smör eller olja att steka i
3 msk solrosfrön eller mandelspån

Till servering: kiwi, blåbär och mild kvarg blandad med lite flytande honung

Mixa alla ingredienser utom mandelspån eller frön. Stek plättar i smör eller olja på medelvärme cirka 2–3 minuter. Lägg lite mandelspån och frön på varje plätt innan du vänder dem. Servera med frukt, kvarg och honung.

GRÖNKÅLSCHIPS

4 PORTIONER

Grönkålschips är perfekt snacks som gillas av både stora och små. Här kommer två goda varianter. Tahini varierar mycket i smak och kvalitet. Smaka dig fram till en bra balans för chipsen.

GRÖNKÅLSCHIPS MED SESAMFRÖN

400 g grönkål med stam eller 250 g rensad
1–2 msk tahini
1 msk olivolja
1 tsk citronsaft
1 msk orostade sesamfrön
1 tsk chiliflakes
1 tsk flingsalt

Repa grönkålsbladen från stammen och riv dem i mindre bitar. Blanda tahinin med olja och citronsaft och massera in. Krydda med sesamfrön, chili och salt. Sprid ut bladen på en plåt och baka cirka 5 minuter i 200 grader. Ta ut plåten och ta ut de chips som är färdiga eller rör runt. Grädda cirka 5 minuter till. Chipsen ska ha torkat och fått lite färg men inte vara brända.

GRÖNKÅLSCHIPS MED PARMESANOST

400 g grönkål med stam eller 250 g rensad
1 ½ msk olivolja
3 msk finriven parmesanost
1 citron
1 tsk flingsalt

Repa grönkålsbladen från stammen och riv dem i mindre bitar. Massera in olivoljan. Krydda med ost, rivet citronskal och salt. Sprid ut bladen på en plåt och baka cirka 5 minuter i 200 grader. Ta ut plåten och ta ut de chips som är färdiga eller rör runt. Grädda cirka 5 minuter till. Chipsen ska ha torkat och fått lite färg men inte vara brända.

VARIATION

Smaksätt chipsen med ost och oregano; ost och paprikapulver eller sriracha (stark chilisås) och sesamfrön.

GRÖNSAKSFAT MED DUBBELDIPP

4 PORTIONER

Även om jag älskar grönsaker så var det inte min favorit som liten. Jag kan känna igen mig lite i mina barn som inte sätter grönsaker högst upp på listan över favoriter i kylskåpet. Men med dipp hittar vi en variant på hur man kan göra grönsaker lite roligare. Tanken är att man först ska dippa i den krämiga såsen och sedan i strösslet som fastnar. Då får man både olika smaker och härliga konsistenser i munnen.

600 g morötter, gurka, blomkål, sockerärter eller andra dippvänliga grönsaker

JORDNÖTSKRÄM

1 dl krämigt jordnötssmör
2 msk citronsaft
1 tsk chipotlepasta
salt

STRÖSSEL

3 msk rostade sesamfrön
2 tsk flingsalt, lätt smulat
1 tsk malen spiskummin
1 tsk malen koriander
½ tsk chiliflakes

Blanda jordnötssmöret med citronsaft och chipotlepasta. Späd med vatten, cirka 3 msk, till önskad konsistens. Smaka av med salt. Ställ kallt. Blanda ingredienserna till strösslet. Skär grönsakerna i dippvänglia bitar. Lägg upp dem på ett fat och servera krämen och nötströsslet till.

VARIATION

I stället för jordnötskräm brukar jag röra ihop en hummus eller en gräddfilsdipp beroende på vad jag har hemma. Strösslet varierar också efter humör. Ibland tar jag bara min färdiga fröblandning som jag pimpar med lite spiskummin och chili.

TIPS

Chipotle är rökt jalapeño. Du hittar den som pasta vid tacotillbehören eller i torkad form på butikens kryddhylla.

MINA SÖTSAKER

Dina ögon ler. Du sträcker ut din hand. Den är liten, varm och len. Den vilar i min. Jag möter din blick och jag ler. Du lilla människa. Du är så mycket glädje, så mycket kärlek. Jag blir varm. Känslor smittar.

Mina andetag är i takt med dina. Du vilar tryggt. Jag är trygg. Känslor smittar. Dina ögon har sagt god natt. Dina andetag är lätta men ändå djupa.

Jag minns när du var nyfödd. Dina andetag doftade som en blandning av kardemumma och kanel. Ljuvligt gott, härligt sött. Den bästa av sötma.

QUINOAMUFFINS

CIRKA 12 STORA MUFFINS

De här muffinsarna är dundergoda, särskilt när de får lite extra crunch på toppen samt en krämig frosting. Inspiration till receptet har jag fått från min vän Emily som också ligger bakom granola bars på sidan 72.

För att de inte ska flyta ut rekommenderar jag att du använder en muffinsplåt.

4 ägg
1 tsk äkta vaniljpulver
1 ½ dl honung
½ tsk salt
1 dl kokosolja eller neutral rapsolja
7 dl kokt quinoa
2 tsk bakpulver

TOPPING

3 msk granola (s. 60 eller köpt)
2 msk kokosflingor
2 msk mandelspån

Sätt dubbla muffinsformar på en bakplåt eller helst, i en muffinsplåt. Mixa alla ingredienserna utom quinoan och bakpulvret i en matberedare eller med en stavmixer. Blanda sedan ner quinoan och bakpulvret och mixa lite till. Häll smeten till hälften i formarna. Blanda samman granola, kokos och mandelspån och häll lite på varje muffins. Baka i 20–25 minuter i 175 grader. Låt svalna.

FROSTING

75 g mörk choklad 70 %
2 ½ dl kylskåpskall kokosgrädde
3 msk honung
extra kokos och mandelspån

Smält chokladen i ett vattenbad eller i mikrovågsugn. Låt svalna lite. Vispa kokosgrädden tjock och tillsätt chokladen och honungen under vispning. Ställ frostingen i kylskåpet om den är för lös. Bred den över muffinsen. Toppa gärna med lite kokos och mandelspån.

VARIATION

Gör chokladmuffins genom att blanda ner 1 ½ dl kakao med quinoan. Eller fräscha bärmuffins genom att blanda ner 1 dl mandelmjöl, rivet skal och saften av 1 citron samt 2 dl bär, exempelvis blåbär eller hallon.

Glutenfri äppelpaj med hallon, för recept se s. 86.

GLUTENFRI ÄPPELPAJ MED HALLON

4–6 PORTIONER

Söt paj med extra knaprighet från blå vallmofrön i smuldegen. Låt pajen svalna innan du äter den så blir smulorna extra knapriga.

4–5 medelstora äpplen, ca 500 g
½ tsk äkta vaniljpulver
1 tsk kanel
3 msk flytande honung
250 g hallon
ev. 1 msk maizena om du använder frysta hallon

SMULDEG
1 dl mandelmjöl
1 ½ dl havregryn
3 msk kokossocker eller rårörsocker
3 msk kokosflingor
2 tsk blå vallmofrön
en nypa salt
100 g kallt smör

Till servering: vaniljglass eller vaniljsås

Skär äpplena i tunna skivor. Blanda med vaniljpulver och kanel. Lägg skivorna i en ugnsfast form och häll över honungen. Blanda eventuellt hallonen med maizena och fördela dem i formen. Blanda alla torra ingredienser till smulpajen i en bunke. Riv ner smöret grovt och nyp ihop till en smulig deg. Fördela degen över pajen. Grädda i 175 grader i nedre delen av ugnen cirka 30 minuter tills pajen fått fin färg och äpplena är mjuka. Låt svalna. Servera pajen med vaniljglass eller vaniljsås.

VARIATION
Byt ut äpplena och kanel mot päron och lite riven ingefära.

VATTENMELON MED MYNTASTRÖSSEL OCH KARDEMUMMAYOGHURT

4 PORTIONER

En perfekt dessert när man vill servera något läskande och lättlagat. En sommarfavorit!

½ vattenmelon, ca 2 kg
1 kruka mynta
1 lime
1 dl rostade kokoschips

KARDEMUMMAYOGHURT
2 dl yoghurt 10 %
1 ½ tsk mortlade kardemummakärnor
1 msk honung

Blanda samman ingredienserna till yoghurten. Ställ den kallt i väntan på servering. Skär vattenmelonen i klyftor. Strimla myntabladen. Tvätta och riv skalet av limen utan att det vita kommer med. Blanda myntablad, limeskal och kokos. Lägg melonen på ett fat. Strö myntaströsslet över och servera yoghurten till.

VARIATION
På vintern, när vattenmelonen inte är i säsong, är det jättegott med en sallad på skivade apelsiner, granatäppelkärnor och frysta tinade hallon till kardemummayoghurten.

CHOKLADMOUSSE MED ROSTADE HONUNGSMANDLAR

4 PORTIONER

Lyxig dessert med så mycket smak att det räcker med ett litet glas. Särskilt god blir moussen med de sötsalta mandlarna på toppen och färska bär. Välj mogna avokador och helst fast honung, den har en godare smak som framhävs här. Det är också stor skillnad på kvaliteten på kakaopulver, prova dig fram och välj ett pulver av hög kvalitet.

2 mogna avokador
1 dl kakao
1 dl kokosgrädde
3 msk fast honung
en nypa salt

ROSTADE SALTA HONUNGSMANDLAR
1 dl sötmandlar
1 msk fast honung
2 msk rostade sesamfrön
1 tsk flingsalt

Till servering: färska bär och mynta

Mixa alla ingredienser till moussen i en matberedare eller en mixer. Häll upp i portionsformar och ställ i kylskåp minst 45 minuter. Rosta mandlarna i en torr stekpanna utan fett. Häll på honungen och låt den koka in. Häll upp på ett bakplåtspapper eller ett oljat fat och strö genast över sesamfrön och flingsalt. Hacka mandlarna till fina smulor när de har svalnat. Toppa moussen med mandlar, färska bär och mynta.

VARIATION

Lägg till kardemummafrön och kaffe som extra smaksättning i moussen. Ta hasselnötter i stället för mandlar och variera bären efter säsong och humör.

ÄLSKADE DRYCK

Du utmanar, jag möter dig.
Du skrattar, jag möter dig.
Du gråter, jag möter dig.
Nu står du på egna ben, jag står bakom.
Nu går du mot nya utmaningar, jag står bakom.
Nu åker du mot nya äventyr, jag står bakom.
Jag vet du klarar dig, jag vet du släcker din törst men
kom ihåg att jag alltid står här om vattnet tar slut.
Jag står här, alltid bakom dig.

GRÖN JUICE MED CITRONMELISS

2 GLAS

Härligt grön juice med smak av ingefära och citronmeliss. Blir det någon juice över kan du mixa den med avokado, banan och vetegräs till en god smoothie.

2 äpplen
½ gurka
125 g broccoli
2 cm skalad ingefära
½ kruka citronmeliss

Kör alla ingredienser genom en råsaftcentrifug eller en juicemaskin. Rör om och servera direkt.

ÄPPEL- OCH RÖDBETSJUICE MED INGEFÄRA

2 GLAS

Rödbetsjuice är populärt bland idrottare. Nitrat, som det finns mycket av i rödbetor, sägs höja prestationsförmågan vid exempelvis löpning. Juicen ska helst drickas någon timme före tävling eller träning.

2 äpplen
4 stora rödbetor
2 stora morötter
1 apelsin
2 cm skalad ingefära

Kör alla ingredienser genom en råsaftcentrifug eller en juicemaskin. Rör om och servera direkt.

PÄRON- OCH VATTENMELONJUICE MED CAYENNE

2 GLAS

Snygg juice som får extra sting av lite cayenne-peppar. Spar eventuell juice som blir över och mixa med banan, jordgubbar och mandelsmör till en mättande smoothie.

2 mogna päron
ca ¼ vattenmelon, 1 kg
½ citron
några myntablad
en nypa cayennepeppar

Kör all frukt och mynta genom en råsaftcentrifug eller en juicemaskin. Rör om och smaksätt med cayennepeppar. Servera direkt.

Hallonsmoothie med mandel, för recept se s. 96.

HALLONSMOOTHIE MED MANDEL

2 GLAS *(FÖR BILD SE S.94)*

Det här är en bra mellis- och träningstryck som innehåller både protein och snabba kolhydrater. Vill du ha en sötare smoothie mixar du ner 1 urkärnad dadel eller 1 msk honung.

1 liten banan
150 g hallon, frysta går bra
2 dl mandelmjölk
2 msk mandelsmör
1 tsk riven ingefära

Mixa alla ingredienser. Rör om och servera direkt.

VARIATION

Byt gärna ut ingefäran mot lakritspulver. Kvarg ger extra protein och mättnad för den som ska träna.

MANGOSMOOTHIE MED KARDEMUMMA

2 GLAS

Vill du ha en sötare smoothie mixar du ner 1 urkärnad dadel eller 1 msk honung.

1 liten banan
ca 250 g tärnad mango, fryst går bra
2 tsk limesaft
2 dl cashew- eller mandelmjölk
1 msk cashew- eller mandelsmör
1 tsk mortlade kardemummafrön

Mixa alla ingredienser. Rör om och servera direkt.

VARIATION

Byt gärna ut kardemumman mot ingefära och mangon mot exempelvis ananas eller jordgubbar.

FACT
NO.1
WATER COVERS
70.9% OF
THE EARTH'S SURFACE,
AND IS VITAL FOR ALL
KNOWN FORMS OF LIFE.

HEMGJORD MANDELMJÖLK

CIRKA 1 LITER

Att göra sin egen nötmjölk är väldigt enkelt. Du behöver en nötmjölkspåse (en oanvänd nylonstrumpa kan också fungera som substitut). Genom att blötlägga mandlarna aktiveras vissa näringsämnen, och ett enzym som motverkar matsmältningen försvinner. Använd gärna nötmassan som blir över till rawfoodbollarna på sidan 67 eller lägg en matsked i smoothien.

250 g sötmandel
3 färska urkärnade dadlar
1 tsk äkta vaniljpulver
1 nypa salt

Blötlägg mandlarna över natten i 5 dl vatten. Häll av vattnet och mixa mandlarna med 1 liter nytt vatten och de urkärnade dadlarna. Sila genom en nötmjölkspåse. Smaksätt med vaniljpulver och salt. Mjölken håller ett par dagar i kylskåp.

VARIATION

Smaksätt med kanel, kardemumma och honung så smakar mjölken chai. Du kan byta ut mandlarna mot exempelvis hasselnötter. Dem behöver du inte ens blötlägga utan kan mixa direkt.

NYBAKAT

Att få upptäcka världen med mina barn är livet. Att få höra barnen berätta om sina egna äventyr är livet. Att tillsammans med mina barn möta nya människor och platser är livet. Livet är så mycket. Oavsett vilka ingredienser vi använder eller vilken temperatur det är, landar vi alltid i sköna skratt – en av livets bästa kryddor!

HAMBURGERBRÖD

4 STORA ELLER 5 MEDELSTORA BRÖD

Ett ljust bröd som funkar lika bra till burgaren som till frukostbröd. Brödet är väldigt mättande och blir gott att rosta.

½ dl kokosmjöl
1 dl mandelmjöl
1 dl potatismjöl eller pofiber
1 ½ msk fiberhusk
2 tsk bakpulver
1 tsk salt
3 ägg
2 dl mandelmjölk
2 msk sesamfrön

Sätt ugnen på 250 grader. Blanda alla torra ingredienser. Vispa äggen luftiga i en bunke. Blanda ner mandelmjölken och därefter de torra ingredienserna. Vispa till en slät smet. Låt vila cirka 10 minuter. Fukta händerna med kallt vatten och forma till hamburgerbröd. Lägg bröden på en plåt med bakplåtspapper och strö över sesamfrön. Sänk värmen till 200 grader och grädda 20–30 minuter eller tills bröden är gyllenbruna. Låt svalna.

VARIATION

Du kan byta ut mandelmjölet mot bovetemjöl om du vill, då blir bröden lite mer kompakta och passar bättre som smörgås än hamburgerbröd.

TACOBRÖD MED MAJSMJÖL

6–8 BRÖD

Det här brödet är perfekt till tacos och ett mellanting mellan pannkaka och bröd. Brödet är godast nybakat.

2 dl majsmjöl
4 msk majsstärkelse
¾ tsk salt
3 äggvitor
2 dl vatten
ev. smör till stekning

Blanda de torra ingredienserna i en bunke. Tillsätt äggvitorna och vattnet och vispa till en tunn smet. Låt vila cirka 10 minuter. Värm en stekpanna med lite fett och häll i cirka ½ dl smet. Forma till en tunn pannkaka genom att vicka stekpannan och stek på medelvärme cirka 2 minuter per sida. Upprepa med resten av smeten. Vispa runt i smeten mellan varje omgång. Servera direkt.

Bicycles
Indian Restaurant
DUNKIN' DONUTS

Fröknäcke, för recept se s. 106.

FRÖKNÄCKE

1 PLÅT *(FÖR BILD SE S. 105)*

Jag har alltid fröknäcke hemma, dels för att det är så gott, dels för att det är så enkelt att baka. Se det här som ett grundrecept där du kan smaksätta kexen lite efter humör.

1 dl majsstärkelse
1 dl krossade linfrön
1 dl solrosfrön
2 dl pumpakärnor
3 msk chiafrön
1 dl finriven parmesanost
1 ½ dl kokhett vatten
½ dl oliv- eller rapsolja
flingsalt

Blanda alla torra ingredienser i en bunke. Tillsätt oljan och 1 ½ dl kokande vatten. Rör om och låt stå cirka 5 minuter. Tillsätt mer vatten om smeten är för torr, men inte för mycket då blir knäckebrödet segt. Häll ut smeten på bakplåtspapper. Lägg på ett annat bakplåtspapper ovanpå och tryck ut smeten med händerna så tunt det går. Strö över flingsalt. Grädda cirka 50 minuter i 150 grader varmluft. Öppna gärna ugnsluckan ett par gånger och släpp ut lite ånga. Stäng av ugnen och låt knäcket svalna i ugnen. Bryt i bitar.

VARIATION

Smaksätt knäckebrödet med exempelvis chiliflakes, sesamfrön, alger, örtkryddor, brödkryddor eller rostade kumminfrön.

WRAPSBRÖD

CIRKA 12 BRÖD

Det här brödet använder jag både till wraps, tortillas och quesadillas. Smaksätt gärna brödet med finriven ost, oregano, spiskummin eller chili. Brödet är godast nybakat och varmt.

2 dl vatten
2 dl yoghurt 3 %
¾ tsk salt
1 tsk bakpulver
½ tsk bikarbonat
4 msk fiberhusk
1 dl rismjöl (eller mandelmjöl)
ca 1 dl majsmjöl + extra till kavling

Blanda samman vatten, yoghurt och salt i en bunke. Rör ner bakpulver och bikarbonat och därefter fiberhusk och mjöl. Rör till en fast deg. Låt vila 10 minuter. Forma 12 runda bullar. Kavla ut bullarna med majsmjöl mellan två bakplåtspapper till runda, tunna bröd. Stek dem i en torr stekpanna utan fett 1–2 minuter per sida. Torka bort eventuellt överblivet mjöl ur stekpannan mellan varje omgång. Förvara under handduk i väntan på servering.

TIPS

Det går bra att förvara brödet till dagen efter i kylen, annars bör du frysa in så att du kan ta upp när du exempelvis vill laga quesadillasen på sidan 51.

RECEIVIN
BAKER
BRUSH CO
INC

GENERATION

SMAKKAMRATER

Smaker kan kombineras på olika sätt. Vissa sätt är mer lyckade än andra. Jag hade lite svårt att hitta fram i djungeln av kryddor. Men med lite mod och tid i köket så har jag lärt mig en hel del – och nu vågar jag även prova nytt. Har du inte lust att experimentera själv så har du här några bra smaker att börja med, de gifter sig väldigt fint med varandra.

INGEFÄRA + KANEL + APRIKOS

Sötman i aprikosen balanserar hettan i ingefäran. Tillsätt gärna lite syra från apelsin eller citron så lyfter smakerna. Kanelen kan bytas ut mot spiskummin. Kryddorna är goda till tomat, ost, kyckling och lamm.

FÄNKÅLSFRÖ + CITRON + VITLÖK

Rosta fänkålsfröna lätt i stekpannan så smakar de mer. Släng vitlökspressen och hacka vitlöken så blir den mildare i smaken. Gott till spenat, fläsk och kyckling.

INGEFÄRA + LIME + CHILIPEPPAR

Grunden i många asiatiska curryrätter. Gott till både kyckling, fisk och skaldjur och gärna ihop med kokos och färsk koriander.

CITRONGRÄS + LIME + FÄRSK KORIANDER

En klassisk kombination i asiatiska rätter. Färska örter som thaibasilika och mynta är gott till men också riven ingefära eller limeblad. Gott till kyckling, fisk och räkor.

SPISKUMMIN + KORIANDERFRÖN + CHILIPEPPAR

Spiskummin och malda korianderfrön används ofta i indisk matlagning. Med lite oregano i blir kryddningen mer mexikansk. Chilipepparn ger smakerna en skjuts. Gott till yoghurt, lamm och kyckling.

SALVIA + LÖK + CITRON

Salvia är en underbar krydda till kyckling, fisk och fläsk. Testa att bryna smör tills det är nötbrunt, lägg i färska salviablad, krydda med citronskal och servera till fisk.

INGEFÄRA + KANEL + APRIKOS

CITRONGRÄS + LIME + FÄRSK KORIANDER

FÄNKÅLSFRÖ + CITRON + VITLÖK

SPISKUMMIN + KORIANDERFRÖN + CHILIPEPPAR

INGEFÄRA + LIME + CHILIPEPPAR

SALVIA + LÖK + CITRON

För mig är det viktigt hur det ser ut runt omkring oss när vi äter. Jag tycker om när det är städat och fint på bordet. Måltiden handlar inte bara om att njuta av maten, utan även av sällskapet, omgivningen eller samtalen runt bordet. Det kanske låter pretentiöst men det är faktiskt det enkla som gäller. Det behöver inte vara mycket. En vas på bordet med en liten blomma, levande ljus eller något annat trevligt.

MORGONRUTINER

God morgon älskling, hör jag mammas mjuka, mörka röst viska i mitt öra. En försiktig puss på kinden och så säger hon att frukosten är klar. Klockan är halv sju, det är mörkt ute förutom den vita snön som lyser upp vintermörkret.

Jag är tonåring och extremt morgontrött. Huvudet känns tungt och ögonen vill liksom inte öppna sig. Plötsligt hör jag mammas röst nere från köket. Nu är rösten lite starkare, något mörkare och mer bestämd men ändå mjuk. Hon ropar att jag måste skynda mig för att inte komma försent. Jag hade somnat om igen ... Mamma blev aldrig arg, lite irriterad naturligtvis, men inte arg. Det blir hon förresten fortfarande inte. Hon brukar säga: "Varför ska jag vara arg? Det är mycket jobbigare än att vara glad."

Jag sätter mig i kökssoffan, tittar upp mot öppna spisen som sprakar och värmer upp köket. Bordet är vackert dukat med vårt vitblåa porslin och mamma har gjort fint med vita servetter i tekopparna. Det doftar rostade mackor.

Så här var det alltid när mamma var hemma. Hon älskade att pyssla och göra fint. Även om hon jobbade sent med någon krogshow kvällen innan eller kom hem mitt i natten från en spelning ute i landet var hon alltid uppe på morgonen, tände ljusen på köksbordet och gjorde eld i öppna spisen innan hon väckte oss. Mamma dukade i ordning det mesta redan på kvällen eller natten innan hon gick och la sig.

Jag var en extremt morgontrött tonåring med rätt taskigt morgonhumör. Jag sa inte så mycket. Just då upplevdes jag nog som ganska otacksam men mamma förväntade sig aldrig något annat än att vi skulle vara precis som vi var, vi skulle inte göra oss till eller låtsas vara extra pigga för att hon var hemma. Ibland var hon borta längre perioder och jobbade. Då var det barnflicka eller mormor som var hos oss, vi var alltid väl omhändertagna. Men när mamma kom hem var det så speciellt. Ingen kunde väcka mig bättre än hon. Frukost med mamma var ren lycka och så mycket kärlek. Även om jag inte då visade någon direkt uppskattning med mitt morgonhumör så har jag i dag tackat mamma tusen gånger om.

Ända sedan jag flyttade hemifrån har jag gjort som mamma. Det spelar ingen roll om jag levt själv, varit sambo eller som nu när jag lever med mina barn. Jag dukar alltid fram frukosten kvällen före, det som kan stå framme över natten alltså. Sedan är det bara att tända ljus och ta fram mjölk och pålägg när jag vaknar på morgonen.

När jag är ensam hemma och på helgerna dukar jag på kvällen upp på en liten bricka som står i köket och väntar på morgonen. Då kan frukosten ätas i sängen, framför tv:n, vid frukostbordet eller på balkongen om vädret tillåter. Jag och barnen samlas runt köksbordet på vardagarna, men på helgerna brukar alla få göra som de vill och då dukar jag upp tre små brickor. Det känns lite extra lyxigt. Då kan den som vill sova länge göra det, det är bara att gå upp och hämta sin bricka.

MAT PÅ VÄG

Jag har inget stillasittande jobb, jag är ganska ofta på väg. Många upplever det som stressigt, men jag vet inget annat och trivs med att möta olika människor och olika miljöer. Det är spännande och jag älskar nya utmaningar.

Däremot kan det krävas lite planering för att det här med bra mat ska fungera. Ibland ligger det en ost- och skinkmacka vid en fotografering eller så är logen fint fixad med en blomma, lite frukt och en stor godisskål inför en tv-sändning. Det är omtänksamt men eftersom jag är lite krånglig med maten och med min laktosintolerans och glutenkänslighet och dessutom är ganska noga med att ge min kropp rätt bränsle så ser jag alltid till att ha med mig mat eller mellanmål.

När jag är på språng i jobbet kan det hända att jag äter medtagen lunch i bilen på en parkering, dricker en smoothie promenerandes till ett möte eller om jag är hemma stående i köket. Jag tycker faktiskt att det är skönt att stå och äta min lunch ibland, framförallt om jag har suttit hela dagen. Att äta lunchen i bilen på en parkering med skön musik är avkoppling för mig. Speciellt en dag när jag vet att det går åt mycket energi. Då vill jag se till jag få i mig det jag behöver men att jag i stunden ändå finner ro och njutning.

Vi lever alla på olika sätt och uppskattar olika saker. Huvudsaken är vad du själv känner är rätt för dig. Ofta när jag står och äter tycker andra att jag ska sitta ner, men för mig är det avkoppling. Viktigast att *du* känner ett lugn.

Välj den rätta maten för dig, hitta en behaglig plats att äta på, var ärlig mot dig själv i dina val och fyll på med den energi du behöver för att få en än bättre arbetsdag.

PÅ RESAN

När jag reser med Filip och Leon försöker jag också se till att vi får i oss bra mat. Vi har alltid en påse med nötter och russin med oss i bilen eller på flyget, liksom under långa dagar på upptäcktsfärd, till exempel.

Om vi reser utomlands kan det vara svårt att hitta bra "snabbmat" om hungern plötsligt dyker upp eller humöret dippar. Därför brukar jag alltid ta med ett par kokta ägg från frukosten, en macka och lite frukt. Om energin försvinner och lunchen är en bit bort kan det rädda dagen. Lite planering som gör stor skillnad.

När jag och killarna bilar i Sverige har vi en annan tradition. När jag har packat klart bilen lägger jag vikta filtar och varsin kudde där Filip och Leon ska sitta. Högst upp står varsin liten kylväska som jag köpte för många år sedan. I den har jag lagt ner dricka, mellanmål, en ask med russin, någon frukt och en liten tidning eller liknande. Det gör de långa resorna lättare. Då har de sin lilla picknick i bilen när de vill. Vi älskar att åka bil. Vi tre. Lyssnar på musik, pratar och så knaprar de på sin picknick. Underbara minnen.

KAFFE 1668
COFFEE • TEA • HOME BAKED PASTRIES
LUNCH SANDWICHES • WINE • LOCAL BEER
VERY WELCOME
CLEAN PLATES

MAT OCH TRÄNING

För mig är träningen en självklar del av min vardag. Men den har inte alltid varit det. Jag har naturligtvis vetat att träning är bra och nödvändigt för att förebygga skador och ha en hälsosam kropp. Det har nämligen min pappa varit noggrann med att få mig att förstå.

Pappa var målvakt i det norska fotbollslandslaget en gång i tiden och utbildade sig efter karriären till sjukgymnast och manuell terapeut. Hans stora intresse och drivkraft var att se till att människor lärde sig att förebygga skador, men också att hjälpa när problem med kroppen dök upp.

Jag var också aktiv som ung, jag dansade i femton år. När jag sedan slutade med det hittade jag inte rätt träning och inte tiden för det heller. Jag hade andra saker som dök upp i livet som jag tyckte var mer intressanta och la min tid på dem. Men när jag fick min första son insåg jag vikten av att faktiskt vara rädd om mig. Jag var mamma. Det är ett enormt ansvar, och den viktigaste och roligaste uppgiften i mitt liv. Och jag vill vara mamma länge, så jag bestämde mig för att ta eget ansvar och vårda kroppen för att klara med- och motgångar genom livet på bästa sätt.

Det började med poweryoga, sedan löpning och styrketräning. Men vilken typ av träning var inte så noga. Jag bestämde mig bara för att träningen skulle bli lika viktig i mitt liv som att sova och äta. Jag ville få det att bli en naturlig del av min vardag utan att stjäla för mycket tankar, tid och planering. Det tog några år där jag envist fick jobba med tanken när orken var låg, när jag kände mig slö efter att jag hade varit förkyld eller när något roligt med kompisarna krockade. Men till slut lyckades jag – och sedan flera år tillbaka är träningen på riktigt en del av min vardag.

I flera år har jag tränat styrketräning. Dels för att det är grunden för en stark och balanserad kropp som ska klara vardagens utmaningar, dels för att jag har haft problem med diskbråck. Men tack vare styrketräningen har mitt diskbråck gått helt tillbaka och besvärar mig inte längre. Däremot är det viktigt att jag håller fast vid träningen. Om jag exempelvis enbart har löptränat i flera veckor känner jag av det direkt, då tar ryggen stryk. Styrketräningen är min basträning.

År 2012 klarade jag det klassiska Vasaloppet och drömmen om att en dag springa maraton i New York väcktes. Vägen dit kändes väldigt lång, men envis som jag är satte jag upp målet och ett och ett halvt år senare, den 3 november 2013, sprang jag och min kompis Sanna, tillika löptränare, i mål i Central Park medan mina barn hejade vid målgången. Det var en helt obeskrivlig känsla och lyckan var enorm.

MATEN

De senaste åren har jag också fokuserat mer och mer på kosten. Framförallt därför att de flesta av oss stoppar i oss så mycket processad mat och dessutom äter alldeles för mycket socker.

Jag började, som du nu vet, med att se över vad jag skulle byta ut eller lägga till för att vara snäll mot min kropp, och sedan också vad jag skulle

EAT

äta de dagar jag tränade. Då behöver ju kroppen mer energi – och rätt energi. Mitt intresse för kost växte och jag bestämde mig för att läsa till kostrådgivare, och jag läste även in en kurs i idrottsnutrition för att förstå hur kosten påverkar våra kroppar vid prestation.

På utbildningen diskuterades det mycket kring kolhydrater, huruvida vi behöver dem eller inte. Min åsikt (och lärarnas på kursen) är att kolhydrater är en bra energikälla och att våra muskler och vår hjärna behöver den energin. Men den mängden kolhydrater vi generellt äter i dag är långt över vad kroppen behöver. Kroppen kan dessutom omvandla en del proteiner vi får i oss till kolhydrater om det behovet finns.

Jag tränar ungefär fem gånger i veckan. Det går oftast mer än 24 timmar mellan mina träningspass. Under den tiden hinner kroppen fylla på sina energidepåer utan att jag äter mer kolhydrater än tidigare. När jag däremot tränar inför lopp eller går in i en mer intensiv träningsperiod, det kan vara att jag joggar lätt på morgonen och har löpning eller styrketräning på eftermiddagen, är jag noga med att få i mig lite extra kolhydrater direkt efter löpningen på morgonen. Då tar kroppen upp dem som bäst och jag orkar träna även på eftermiddagen.

Proteinet brukar man kalla kroppens byggstenar och det är betydligt mycket viktigare än kolhydraterna. Det är livsnödvändigt. Fett är också energi men har en långsammare process i kroppen och kommer därför inte till användning lika fort som kolhydrater. Men när kolhydratlagren tar slut tas energi från fettdepåerna i kroppen (framförallt vid träning eller tävling som pågår under längre tid).

När det kommer till kolhydrater blir det alltså lätt för mycket av dem. Det kan vara bröd och flingor till frukost, pastasallad till lunch och en köttbit med ris eller pasta till middag. Däremellan kanske en macka till mellanmål. Det blir mycket mer än vad man tror. Och eftersom stärkelsen i pastan snabbt omvandlas till socker i kroppen (högt GI) får vår kropp kämpa med energinivåer som går upp och ner, blodsocker som höjs och sänks. Det gör att våra organ som exempelvis lever, bukspottkörtel och tarmar får jobba hårt för att balansera upp och ta till vara på överskottet. Socker är dessutom beroendeframkallande och ger lätt sug efter mer sött, så för mig är det en självklarhet att minska mitt sockerintag. Den mängd socker kroppen, exempelvis hjärnan, behöver får jag i mig ändå via den kost jag äter.

Så använd sunt förnuft. Var försiktig med socker, processad mat och ät rätt mängd utifrån hur aktiv du är.

RÄTT OCH BRA FÖR DIG

Jag hoppas att jag har kunnat inspirera dig med hur jag tänker och jobbar i köket med de smaker som jag har hittat för att kunna laga godare, bättre och sundare mat till mig själv och mina barn.

Jag vill också att du ska komma ihåg det här med att vi alla har ett val. Om vi ger oss själva en extra sekund eller minut att tänka över vad vi ska välja kan det göra stor skillnad. Känn efter vad som är rätt för dig. Se till hur du lever och vilken kost som passar dig. Gör det *du* mår allra bäst av och jämför dig inte med någon annan.

Ät så bra mat du kan. Vill du ibland äta något som är mindre sunt, välj då det som är supergott och ta en lagom bit. Se fram emot det, njut när du äter och var belåten efteråt och tänk: Åh, vad det där var gott. Var nöjd. Inga dåliga samveten. Det är inte fel att njuta av det lilla goda så länge kroppen kan ta hand om det (och det kan den så länge mängderna inte är för stora!).

Låt mat bli en naturlig del av din vardag. Ingen fokusering, inga dåliga samveten, utan låt mat vara god energi, härliga smaker och näringsrik kost för att du ska orka så många äventyr du vill i ditt liv. Samlas runt middagsbordet med härliga vänner, vid frukosten med barnen eller sitt ensam vid en parkeringsplats med grym musik, en vacker utsikt och ett gott mellanmål. Varje tillfälle har sin njutning och varje tillfälle ger oss chansen att fylla våra kroppar med energi.

Det här är mina val och mina tankar. Tack för att du tog dig tid att läsa, för att du valde just min bok!

TACK TILL ...

Filip och **Leon** för att ni stått ut med allt mitt testande av mat, smoothies och rawfoodbollar. Jag vet att det inte varit supergott alla gånger men tack vare ert tålamod har jag fått lära mig så mycket. Jag är enormt stolt över er och ÄLSKAR ER AV HELA MITT HJÄRTA.

Jenny Grimsgård för fantastiska bilder och för att du hjälper mig att med din känsla i bilden förmedla mina tankar och idéer. Ett enormt kul samarbete. Det har varit en fröjd att få jobba med dig.

Ylva Bergqvist som lyft mina idéer om goda sunda maträtter till en helt annan nivå. Och för vackra bilder. Du är lysande!

Kerstin Bergfors på Bonnier Fakta för att du tror på mig och mina idéer.

Cecilia Viklund, underbara redaktör. Tack för ditt tålamod och grym återkoppling.

Kai Ristilä, suverän AD. Jag säger en mening och du fattar precis vad jag menar och fångar det som är jag.

Victoria Skoglund och **Zetas trädgård** som alltid ställer upp med det vackraste av blomster.

Mölle Krukmakeri för att vi fått rama in mat, dryck och snacks i er fina keramik.
Birgitta Watz för lån av rekvisita.

Norrvikens trädgårdar för er fantastiska omgivning.

Familjen Melin-Björklund för att ni öppnade upp er vackra Båstadträdgård, och för alla skratt.

Jessica Nash for letting me use yor beautiful kitchen in New York, and **Therese Lundqvist** for being extremly helpful.

Emily Glarner-Chan. Tack för alla länkar, recept och tankar som inspirerat mig så mycket till min bok. Dessutom att jag fått dela med mig av din goda quinoamuffins och superhärliga energibar. Du är grym!

Per-Ulrik Johansson för att du inspirerar i balansen mellan nyttigheter och njutning. Och för gott Salmarecept.

Paulúns näringscenter, Martin Brunnberg och **David Jonsson** för kunskap och vägledning i kostens värld.

Fredrik Hed för att du hjälpte mig att möblera om i skafferiet.

Micke för att du fick mig att våga öppna dörren till nya smaker i livet.

Love, Linn, Mamma, Filip, Leon och Kajsa för superhärlig lunch (s. 32–33).

RECEPTREGISTER

FORMGIVARE **KAI RISTILÄ**
FOTOGRAF **JENNY GRIMSGÅRD**
MATSTYLING & RECEPT **YLVA BERGQVIST**
REDAKTÖR **CECILIA VIKLUND**
REPRO **ITALGRAF MEDIA AB**
FEMTE TRYCKNINGEN
TRYCK **LIVONIA PRINT, LETTLAND**, 2016
ISBN 978-91-7363-071-9